PETITE ENCYCLOPÉDIE JURIDIQUE
XXXV

CODE
DES TUTELLES

ET

DES CONSEILS DE FAMILLE

PAR

P. De CROOS

Ancien Magistrat, ancien Avocat, Officier d'Académie,
Auteur du *Code Rural*.

TOME DEUXIÈME

PARIS

A. DURAND ET PEDONE-LAURIEL, ÉDITEURS
LIBRAIRES DE LA COUR D'APPEL ET DE L'ORDRE DES AVOCATS

G. PEDONE-LAURIEL, Successeur
13, RUE SOUFFLOT, 13

1885

PETITE ENCYCLOPÉDIE JURIDIQUE
XXXV

CODE DES TUTELLES

ET

DES CONSEILS DE FAMILLE

II

CODE RURAL

Régime du sol ; police rurale ; régime des eaux

contenant

Avec la doctrine, le commentaire du droit civil et les lois spéciales sur les bois et forêts, les mines, l'expropriation, la chasse, la viabilité rurale, le régime des usines hydrauliques, les irrigations, le drainage, les étangs, les marais, le droit pénal, etc., mis en rapport avec le dernier état de la jurisprudence civile et administrative en tout ce qui peut concerner les propriétaires fonciers, les agriculteurs et les usiniers.

2 vol. in-12............ **7** fr.

CODE

DES TUTELLES

ET

DES CONSEILS DE FAMILLE

PAR

P. De CROOS

Ancien Magistrat, ancien Avocat, Officier d'Académie,
Auteur du *Code Rural*.

TOME SECOND

PARIS

A. DURAND ET PEDONE-LAURIEL, ÉDITEURS
LIBRAIRES DE LA COUR D'APPEL ET DE L'ORDRE DES AVOCATS

G. PEDONE-LAURIEL, Successeur
13, RUE SOUFFLOT, 13

—

1885

DEUXIÈME PARTIE

DU CONSEIL JUDICIAIRE
DE L'INTERDICTION JUDICIAIRE
DES ALIÉNÉS NON INTERDITS
PLACÉS DANS DES MAISONS DE SANTÉ OU DANS DES HOSPICES
DE L'INTERDICTION LÉGALE

DEUXIÈME PARTIE

De la Majorité.

La majorité est fixée à vingt et un ans accomplis ; à cet âge, on est capable de tous les actes de la vie civile, sauf la restriction portée au titre *du Mariage*.

(Code civil, art. 488.)

386. — Dans l'ordre scientifique, l'individu majeur est *celui qui a non-seulement la jouissance, mais aussi l'exercice de ses droits politiques et civils.*

La personnalité du mineur n'est qu'en voie de formation ; c'est pour cette cause qu'il a besoin de la protection sociale et qu'il a droit à cette protection.

La personnalité du majeur est formée ; la protection sociale envers lui serait un non-sens.

387. — La majorité est fixée à vingt et un ans *accomplis*.

Le calcul se fait d'*heure à heure*. Ainsi l'enfant né le 7 novembre 1837, à cinq heures du matin, sera majeur le 7 novembre 1858, à cinq heures du matin. Ce mode de calcul, suivi en droit romain, fut abandonné dans notre ancienne jurisprudence. Le jour de la naissance comptait *tout entier ;* aussi ne mentionnait-on, dans les actes de la naissance que le jour où elle avait eu lieu ; l'*heure* n'y était point relatée. Notre Code, au contraire, exige l'*heure*.

L'acte de naissance énoncera le jour, l'heure et le lieu de la naissance.....

(Code civil, art. 57.)

Cette innovation révèle la pensée de la loi, qui a exigé la mention de l'*heure*, pour qu'elle ne fût pas négligée dans le calcul de l'âge.

388. — A vingt et un ans accomplis, l'*homme* est capable de tous les actes de la vie civile, sauf les restrictions portées au titre du mariage et de l'adoption.

Le fils qui n'a pas atteint l'âge de vingt-cinq ans accomplis, la fille qui n'a pas atteint l'âge de vingt-un ans accomplis, ne peuvent contracter mariage, sans le consentement de leurs père et mère ; en cas de dissentiment, le consentement du père suffit.

(Code civil, art. 148.)

L'adoption ne pourra, en aucun cas, avoir lieu avant la majorité de l'adopté. Si l'adopté, ayant encore ses père et mère, ou l'un des deux, n'a point accompli sa vingt-cinquième année, il sera tenu de rapporter le consentement donné à l'adoption par ses père et mère, ou par le survivant ; et s'il est majeur de vingt-cinq ans, de requérir leur conseil.

(Code civil, art. 346.)

389. — A la majorité, l'homme possède la plénitude de tous ses droits civils. Nous allons voir qu'il peut les perdre, en *partie* ou *entièrement*, et redevenir un *quasi-émancipé* ou un *quasi-mineur* selon qu'il sera pourvu d'un *conseil judiciaire* ou *interdit* par décisions des tribunaux.

PREMIÈRE SECTION

———

Du conseil judiciaire.

390. — Le *conseil judiciaire* est un curateur chargé par la justice d'assister une personne qu'elle a déclaré incapable de faire *seule* certains actes de la vie civile.

391. — Un conseil judiciaire est nommé à l'individu qui, sans être absolument hors d'état de se conduire, ne jouit pas de l'intégrité de ses facultés.

En rejetant la demande en interdiction, le tribunal pourra néanmoins, si les circonstances l'exigent, ordonner que le défendeur ne pourra désormais plaider, transiger, emprunter, recevoir un capital mobilier ni en donner décharge, aliéner, ni grever ses biens d'hypothèques, sans l'assistance d'un conseil qui lui sera nommé par le même jugement.

(*Code civil*, art. 499.)

Cet article renferme le principe de cette *demi-interdiction*.

Le droit pour le tribunal de nommer seulement un

conseil judiciaire à celui dont on demande l'interdiction, s'applique même au cas où l'action en interdiction a été intentée par le ministère public pour cause de fureur ou pour cause de démence à propos de parents connus.

391 *bis*. — Outre ces personnes que le pouvoir discrétionnaire du juge ne trouve pas assez privées de raison pour être interdites, le législateur déclare qu'un *conseil judiciaire* peut être donné aux *prodigues*, c'est-à-dire à ceux qui, passant leur vie dans le désordre et la dissipation, compromettent leur fortune par des dépenses qui n'ont ni fin ni mesure, par de vaines et folles profusions. La prodigalité, au reste, ne peut pas être définie rigoureusement. La loi s'en rapporte, à cet égard, à l'appréciation des juges.

392. — Lorsqu'un homme, sans être absolument en démence est néanmoins trop faible de caractère et de raison pour diriger seul ses affaires, et qu'il se trouve par là exposé à des surprises ou entraîné à des actes susceptibles de consommer sa ruine, il doit être pourvu d'un conseil judiciaire (1).

Mais, à cet égard, nous devons faire remarquer que quelques erreurs commises, par exemple le mauvais choix d'un mandataire, ne pourraient, de même que des faits isolés et intermittents, sans suite caractéristique du vice reproché, être considéré comme suffisant pour entraîner la dation du conseil judiciaire (2).

393. — La *prodigalité* est une autre cause, et même

(1) MERLIN, *Rép.* v° Cons. Judiciaire ; — Paris, 4 mai 1825. — (2) Angers, 10 prairial an XIII (Duchemin), S.-V. 6, 2, 396; C. n. 2, 2, 58 ; — J.-G. 9, 530 ; — Aix, 14 février 1808 (Beauquaire), S.-V. 8, 2, 315; C. n. 2, 2, 347 ; J.-G. 5, 221 ; — Besançon, 9 avril 1808 (Pouthier), S.-V. 9, 2, 158; C. n. 2, 2, 376; J.-G. 12, 715.

la cause la plus ordinaire de cette demi-interdiction.
Mais qu'est-elle ? On peut d'après TOULLIER (1) considérer comme prodigue celui qui ne met ni frein ni mesure
à ses dépenses, qui dissipe son bien en profusions que
les gens sensés qualifient de folies. Ainsi, celui qui,
chaque jour, dépense inutilement des sommes excessives
ou consume son bien en procès ruineux, qui s'obère au
point de vendre son patrimoine, est nécessairement un
prodigue (2).

394. — A ces causes de dation judiciaire, quelques
auteurs ont joint le *mutisme de naissance* lorsque le
sourd-muet n'a reçu aucune instruction. Cette opinion
s'étage de l'article 936 du Code civil où l'on voit que
lorsque le sourd-muet sait écrire, il peut accepter une
· *donation*, soit par lui-même, soit par un fondé de pouvoir, mais qu'il doit être *assisté* par un *curateur* nommé
à cet effet ; d'où la conséquence que, dans ce dernier
cas, le législateur a jugé qu'il y avait trop d'incertitude
sur le degré d'intelligence de l'homme pour qu'on lui
permît de se diriger par lui-même.

Ainsi POTHIER dit « Le sourd-muet qui ne sait pas
écrire ne peut donner des signes certains de sa volonté,
d'où il suit qu'il est dans le cas de l'interdiction et que,
par conséquent, il ne peut donner entre-vifs. » (3).

MERLIN répète cette opinion et ajoute : « Le Code
Napoléon en le déclarant incapable de figurer comme
donataire dans une donation est censé, à bien plus forte
raison, le déclarer incapable d'y figurer comme donateur. » (4).

(1) TOULLIER, 2, n° 1370. — (2) Metz, 22 février 1812 ; —
Turin, 20 février 1807. (Gresy), S.-V. 7, 2, 652 ; C. n. 2, 2, 200 ;
J.-G. 12, 723. — (3) POTHIER, *Donat. entre vifs*, sect. 1. art. 1.
— (4) MERLIN, *Rép.* v° Sourd-muet.

Nous pourrions multiplier les citations (1), mais il nous semble que ces estimables jurisconsultes entraînés par l'autorité des traditions, et par l'influence qu'ils ont successivement exercée l'un sur l'autre, se sont plutôt montré les échos des législations anciennes qu'ils n'ont tenu compte des améliorations que la science moderne a apportées à l'existence intellectuelle des sourds-muets. Aussi la Cour suprême (2) a-t-elle déclaré que la donation consentie sans l'assistance d'un curateur par un sourd-muet de naissance, qui ne sait ni lire ni écrire, était valable, et qu'ici ne s'appliquait pas l'article 936 du Code civil, qui exige cette assistance pour l'acceptation des donations, cet article ayant pour but de *faciliter* aux sourds-muets l'acceptation des libéralités, mais non de *diminuer leur capacité.*

394 *bis.* — Cette interprétation de la loi nous paraît d'autant plus juste aujourd'hui, que les perfectionnements si remarquables que l'éducation des sourds-muets de naissance a reçus depuis le commencement de ce siècle, devaient faire repousser les doctrines absolues puisées dans le droit romain, et accréditées à des époques où les sourds-muets de naissance illettrés étaient considérés comme privés des facultés les plus essentielles de l'intelligence. Dans le cas où le sourd-muet sait écrire, son infirmité n'est sans doute pas de nature à altérer sa capacité; l'article 936 le déclare expressément; mais lorsqu'il est illettré, ne suffit-il pas qu'il soit en rapport avec des personnes habituées à ses signes et à ses gestes, pour qu'il puisse très clairement manifester une

____

(1) *En ce sens :* Grenier, Donations n° 283 ; — Favard, *Rép.* v. Sourd-muet, n° 2. — Liège. 12 mai 1809 (Servette), C. n. 3, 2, 71 ; J.-G. 5. 226. V. aussi Lyon, 14 janvier 1812 (Favre) S -V. 13, 2, 12 ; C. n. 4. 2. 13 ; J.-G. 9, 530. — Rouen, 18 mai 1842 (Parnuit), S.-V. 42, 2, 524; D. p. 42, 2 212 ; P. 42, 2, 60. — (2) Cass. 30 janvier 1844.

volonté, et s'assurer que cette volonté est remplie d'une façon conforme à ses intentions? Et si cette condition a été remplie (ce que les tribunaux apprécieront), quelle cause peut faire restreindre sa capacité? Il nous semble en exister aucune dans la loi, qui, à l'occasion des contrats et obligations en général, ne s'est point occupée de la capacité des sourds-muets. Le Code ne les répute point incapables, comme le faisait l'ancien droit romain, et il se tait sur eux, même au sujet de l'acte le plus important de la vie civile, au sujet du mariage. Et si, à cet égard, on se reporte aux procès-verbaux du Conseil d'Etat du 29 fructidor an 9, on y trouve la preuve que ce silence a été volontaire, et qu'il est tout à fait significatif. La commission chargée de rédiger le projet de loi du titre du mariage, y avait inséré un article portant que : « Les sourds-muets de naissance ne peuvent « se marier qu'autant qu'il serait constaté, dans les « formes prescrites par la loi, qu'ils sont capables de « manifester leur volonté. » Mais après un débat plein d'intérêt, auquel le premier consul BONAPARTE prit une part active, cet article fut retranché. Il devait être remplacé par une disposition sur la manière dont les sourds-muets exprimeraient leur consentement. Cependant cette disposition elle-même ne se trouve pas dans le Code, et la raison en est, dit LOCRÉ, qu'on a laissé à l'arbitraire des tribunaux, comme le voulait la section, le discernement des circonstances et des signes qui peuvent faire juger si le sourd-muet a ou non consenti.

395. — Ainsi, sous le rapport du mariage le sourd-muet n'est point déclaré incapable de contracter, pourvu qu'il soit en état de manifester son consentement, et la loi laisse aux tribunaux un pouvoir discrétionnaire pour apprécier les éléments et les conditions de cette manifestation. Si le sourd-muet ne sait pas écrire, et si le langage des signes est le seul moyen qu'il lui soit donné d'exprimer et de communiquer sa pensée, ce langage sera interprété et l'on constatera s'il traduit fidèlement un consentement volontaire et éclairé. Si le sourd-muet peut utilement à l'aide de signes, exprimer une volonté, un consentement qui valide son mariage ; si malgré son infirmité et l'incapacité où il se trouve de manifester sa pensée par l'écriture, il est des cas où on lui peut supposer assez de discernement pour ne pas douter qu'il ne comprenne toute l'importance de l'acte de mariage ; et si dans cette circonstance son consentement peut être volontairement exprimé sans le secours de l'écriture, pourquoi n'en serait-il pas de même pour lui, à l'occasion des autres contrats ? Et d'abord, si on le reconnaît habile à contracter mariage, comment lui pourrait-on interdire les conventions et donations qui se font par contrat de mariage, quand l'article 1398 du Code civil autorise le mineur à faire de semblables dispositions, pourvu qu'il soit *assisté* des personnes dont le consentement est nécessaire pour la validité du mariage ? Le discernement et la maturité de raison que suppose nécessairement l'acte de mariage pourraient-ils ensuite être mis en doute chez le même individu, restant dans les mêmes conditions, lorsqu'au lieu de ce contrat il s'agira, par exemple, d'une donation entre-vifs ? Pourquoi, dans ce dernier acte, le même mode de manifestation ne serait-il pas jugé suffisant ? La parole et l'écriture ne sont autre chose que des signes conventionnels ; pourquoi n'y pourrait-il pas y être utilement suppléé par d'autres ? On sait à l'aide de quels merveilleux procédés se fait de nos jours l'éducation des sourds-muets, et comment pour eux le langage des signes est devenu aussi rapide, aussi expressif, aussi net, on pourrait dire aussi *complet* que toute langue écrite ou parlée. Le Code d'instruction criminelle a considéré ce langage comme un idiome étranger et veut (1) qu'à l'instar ce qui se fait

(1) *C. d'inst. crim.* art. 333.

dans le cas où l'accusé, les témoins ou l'un d'eux, ne parlent pas la même langue, il soit donné un *interprète*, accusé ou témoin. Alors il se défend par signes, il dépose en justice par signes, et ce témoignage est compris accepté et tenu pour digne de foi !!! Nous demandons pourquoi le sourd-muet qui ne sait pas écrire ne pourrait pas, pour tous les actes de la vie civile, communiquer utilement ses intentions ou ses volontés par le même procédé, et pourquoi les tribunaux ne resteraient pas toujours maîtres, en cas de doute ou de contestation, de décider, eu égard aux circonstances, si l'intention ou la volonté a été librement et nettement manifestée ? — On oppose à notre opinion l'article 936 du Code civil ; mais il faut prendre garde à deux choses : la première c'est que cet article, placé dans le chapitre des donations entre-vifs, ne peut être réellement considéré comme une règle de capacité ; la seconde, c'est qu'il ne parle que de l'acceptation des donations, et que c'est seulement par l'induction et à l'aide d'un argument *à fortiori* un peu suspect qu'on veut en étendre l'application à la confection même de l'acte de donation. De ce que la loi exige que le sourd-muet illettré ne puisse valablement accepter que par l'entremise d'un curateur *ad hoc* est-on bien autorisé à en conclure qu'elle n'a pas voulu qu'il put faire personnellement une donation ? L'analogie manque à moins qu'on ne prétende qu'il pourra faire cette donation avec l'assistance d'un curateur. Et puis, ce que l'on induit de cet article pour le cas d'une donation, on l'induirait, au même titre, pour tout autre contrat. Le raisonnement serait fondé sur le même *à priori* ; il conduirait à décider que le sourd-muet qui ne sait pas écrire ne peut contracter mariage à l'aide d'un consentement manifesté par des signes puisqu'il ne peut, par le même procédé, accepter la donation faite à son profit.

396. — Lorsqu'il est constant qu'un individu à

raison de son grand âge, a éprouvé un affaiblissement de mémoire considérable, et que, d'un autre côté, il résulte de la procédure et des actes les plus récents faits par lui, qu'il a conservé son bon sens et sa raison, les tribunaux, au lieu de recourir à son égard à la mesure extrême de l'*interdiction* doivent se contenter de lui donner un conseil judiciaire (1).

397. — Une *faiblesse* d'esprit naturel, jointe à des attaques accidentelles d'épilepsie ne peuvent également qu'autoriser la nomination d'un conseil judiciaire (2).

398. — Il a été jugé que l'*ivresse* habituelle peut être une cause de dation d'un conseil judiciaire, lorsqu'elle a pour résultat le désordre d'affaires et la prodigalité (3).

399. — Pour arrêter le prodigue, il ne faut pas attendre que sa fortune soit dissipée : le remède viendrait trop tard. Ainsi, quoique protégé par la tutelle, le *mineur* (4) peut être placé sous la dépendance d'un conseil judiciaire à raison de sa prodigalité. — Tout démontre en effet, que si le mineur, dans l'âge le plus tendre, n'a pas à redouter à l'instant sa faiblesse d'esprit ou la prodigalité, l'une ou l'autre lui offre un péril bien grand, lorsque parvenu à l'âge où il a la faculté de tester, ou se trouvant à la veille de devenir majeur, il est exposé à des surprises qui tendent à compromettre son existence.

(1) Rouen, 8 floréal an XII ; — Riom, 4 mai 1825 (Lomenède). — (2) Colmar, 2 prairial an XIII (Malphilâtre) S.-V. 5, 2, 188 ; C. n. 2, 2, 53 ; J.-G. 9, 530. — V. Angers, 23 avril 1806 (Tremplin), C. n. 2, 2, 138 ; J..G. 6, 531. — (3) Rouen, 18 janvier 1865. D. p. 65, 2, 226. — (4) Rennes, 16 déc. 1833. — Cass. 27 avril 1842 (Campion) S.-V. 42, 1, 719 ; D. p. 42, 1, 240 ; — Bourges, 5 mai 1846 (Falchero). S.-V. 46, 2, 329 ; D. p. 46, 26, 237 ; P. 46, 2, 605. — Cf. Nîmes, 22 avril 1822.

400. — La *femme mariée*, qu'elle soit ou non séparée de biens de son mari, peut être pourvue d'un conseil judiciaire, à raison de sa prodigalité. On dirait en vain que la dation d'un conseil judiciaire à la femme est une atteinte illégale aux droits que confère la puissance maritale, et qu'elle est même inutile par l'effet de cette puissance (1). A plus forte raison lorsque son mari en est lui-même pourvu (2).

401. — Il a été, toutefois, jugé que la dation d'un conseil judiciaire à une *femme* ne présente plus d'intérêt lorsqu'elle vient à se marier, surtout si elle se trouve sous le régime de la communauté légale; et que, si le mariage est survenu durant l'instance d'appel, il y a lieu, pour le juge supérieur, de rapporter la mesure prononcée par les juges de première instance, encore bien que la prodigalité serait établie. Sauf à la famille à reprendre, plus tard, la poursuite en dation d'un conseil judiciaire, si l'administration du mari était insuffisante et venait à lui inspirer de justes craintes (3).

402. — Celui dont la fortune ne consisterait qu'en *rentes viagères*, et qui se trouve dans le cas d'un prodigue, peut être pourvu d'un conseil judiciaire. On a prétendu, qu'en pareil cas, la mesure était sans objet : nous disons, au contraire, qu'elle nous paraît nécessaire, soit parce que des successions pourraient encore échoir au prodigue, soit parce que ce prodigue, qui n'a qu'une simple pension viagère, pourrait plaider, transiger et emprunter, et faire des aliénations de son droit en tout

---

(1) C. Civ., art. 490. — Cass. 4 juillet 1838. — Montpellier, 14 décembre 1841 (N...). S.-V. 42, 2, 310 ; P. 42, 2; 333. — Paris, 7 janvier 1856 (Mathon). — (2) Cass. 9 juin 1829 ; — Rennes, 17 décembre 1840. — (3) Nancy, 3 décembre 1838. (Deville) S.-V. 39, 2, 283 ; D. p. 39, 2, 22.

ou en partie ; et il suffit de la possibilité de ces cas pour qu'il puisse y avoir nomination d'un conseil judiciaire (1).

403 — La nomination d'un conseil judiciaire pour cause de prodigalité ne peut être prononcée qu'à raison d'actes de *prodigalité* caractérisés : il ne suffit pas que le demandeur justifie d'une diminution considérable, et non expliquée, dans un espace de temps fort court, de la fortune de l'individu contre lequel cette mesure est provoquée (2).

404. — Pour apprécier si les actes, à raison desquels la dation d'un conseil judiciaire est provoquée contre un individu, ont le caractère de la prodigalité, autorisant une telle mesure, c'est l'*objet* et non le *résultat* des actes qu'il faut envisager. Ainsi un acte ne peut être considéré comme ayant, par son objet, le caractère de prodigalité, qu'autant qu'il rentre dans la catégorie des dépenses faites sans but utile et qui ne laissent pas de trace, ou de folles profusions. On ne peut point, par exemple, considérer comme ayant ce cachet les obligations contractées par une femme mariée, soit pour ouvrir à son mari des *spéculations*, auxquelles ne suffirait pas la fortune ou le crédit personnel de ce dernier, soit pour l'aider à payer ses dettes, quelles que puissent être, d'ailleurs, les conséquences ultérieures de tels engagements (3).

405. — Si la prodigalité qui autorise la dation d'un conseil judiciaire ne suppose pas nécessairement une fortune déjà dissipée ou gravement compromise, elle

(1) Turin, 20 février 1807 (Gresy). S.-V. 7, 2, 652 ; C. n. 2, 2, 200. — (2) Bordeaux, 12 juillet 1859, D. p. 59, 2, 200. — (3) Paris, 7 janvier 1856 ; D. p. 56, 2. 130.

doit du moins être caractérisée par des faits précis, actuels et constituant des désordres d'administration (1).

406. — Un conseil judiciaire ne peut être donné à un individu qui, librement et volontairement, a abandonné ses affaires à la direction plus ou moins compromettante d'un tiers (2).

407. — La *manie des procès* peut servir de base à une demande en nomination d'un conseil judiciaire en ce qu'elle peut être taxée de prodigalité (3), — notamment à l'égard d'une femme séparée de biens (4).

408. — L'appréciation des motifs qui ont déterminé la dation d'un conseil judiciaire par une Cour d'appel, échappe à la censure de la Cour de cassation (5).

409. — C'est aux *juges* qu'appartient le choix du conseil judiciaire et non au conseil de famille : de là sa dénomination de *conseil judiciaire* (6).

410. — Le conseil ne peut donc être ni *testamentaire*, c'est-à-dire nommé par le dernier mourant des père et mère, ni *datif*, ni *légitime.*

411. — Le *mari* n'est pas de *droit* le conseil de la femme prodigue ; c'est aux tribunaux qu'il appartient

(1) Besançon, 2 février 1865 (Bolut) ; D. p. 65, 2, 95. — Cfr. Lyon, 24 juillet 1872 , D. p. 72, 2ᵉ partie. — (2) Toulouse, 6 juillet 1867 ; D. p. 67, 2, 162. — (3) Liège, 8 décembre 1851. — (4) Cass. 9 juillet 1837 ; — Cass. 4 juillet 1838 (Barberand). S.-V. 38, 1, 63 ; D. p. 38, 1, 38 ; P. 38, 2, 63. — (5) Cass. 5 juillet 1837 ; – Cass. 4 juillet 1838 (Barberand). — (6) Cf. Riom, 4 mai 1825 (Lomenède) ; S.-V. 26, 2. 118 ; C. n. 8, 2, 71 ; D. p. 26, 2, 89.

de faire le choix, selon les circonstances et la qualité des parties (1).

412. — Quant à la *femme mariée* elle ne peut pas être nommée conseil judiciaire de son mari prodigue (2).

413. — Le conseil nommé peut refuser.

414. — Il faut l'*unité* de conseil judiciaire, comme l'unité de tuteur ; les juges pourraient seulement nommer un *second* conseil chargé d'assister le prodigue à défaut du premier.

415. — Il faut choisir ordinairement pour les fonctions un magistrat, un avocat, un notaire, un avoué, ou même une personne étrangère à l'étude des lois, mais prudente et expérimentée, *plutôt en dehors de la famille* à cause des droits éventuels d'un parent à la succession de l'incapable, qui pour ce motif, pourrait s'opposer à l'aliénation des biens (3).

Cependant, lorsqu'il s'agit de pourvoir d'un conseil un individu dont la fortune est modique, il faut, de préférence, à un étranger, nommer un *membre de la famille*, s'il s'en offre, qui veuille remplir ce mandat gratuitement et qui en ait la capacité (4).

FONCTIONS ET DEVOIRS DU CONSEIL JUDICIAIRE.

416. — L'assistance du conseil ne peut pas être *générale*, mais elle doit être *spéciale* en chaque affaire et en chaque contrat (5).

(1) Paris. 4 août 1849 ; — Cf. Nancy. 3 déc. 1838 (Deville]; S.-V. 30, 2, 283 ; — D. p. 39, 2, 22; — (2) Tr. de Semur, 16 janvier 1861 ; — D. p. 62, 3, 59. — (3) Amiens, 24 thermidor, an XIII. — (4) Bruxelles, 23 avril 1829. — (5) Cass. 3 décembre 1850. (Malussier) ; S.-V. 50, 1, 777.

La *présence* du conseil n'est pas absolument nécessaire, ainsi, l'avis approbatif du conseil judiciaire, intervenu séparément du consentement de la personne placée sous son assistance est valable et suffisant (1), pourvu cependant qu'il soit antérieur, et alors, il faut l'annexer à l'acte. Si l'acte avait été consenti avant l'avis du conseil, il serait *nul* et serait seulement susceptible d'être ratifié avec l'assistance du conseil. Cette interprétation s'applique aux actes *extra judiciaires,* car pour les actes *judiciaires* la présence du conseil est nécessaire.

417. — Les *actions* du prodigue lui appartiennent et doivent être exercées par lui avec le concours du conseil : ce dernier ne peut les exercer en son absence et à son insu (2) ou malgré lui (3).

418. — Le conseil assiste l'incapable et n'a pas qualité pour le *représenter en justice* (4). Par suite, celui-ci doit être partie en cause pour que le jugement à intervenir soit commun avec lui et puisse être valablement exécuté sur sa personne et sur ses biens (5) ; — par suite encore, le jugement rendu par défaut à l'égard du prodigue et contradictoirement avec le conseil judiciaire, est susceptible d'opposition (6).

Il ne peut agir *séparément* du prodigue, même afin de défendre et de protéger les intérêts de ce dernier (7).

419. — Il ne peut recevoir un paiement pour le prodigue sans le consentement de celui-ci (8).

(1) Bruxelles, 27 janvier 1841. — (2) Cass. 20 mai 1806 (Gardini); S.-V. 6, 1, 263 ; C. n. 2, 1, 245 ; J.-G.9, 59. – (3) Paris, 7 mai 1852: D. p. 53, 2, 80. — (4) Paris, 13 février 1841 (Coutard) ; S.-V. 41, 2, 224; D. p. 41, 2, 146; P. 41, 1, 394. — Paris, 23 août 1865 ; D. p. 67, 1, 48. — V. Toullier, 2, n°s 1366 et 1382; — Favard, *Cons. Jud.* — Duranton, 3, n° 796 ; — Magnin, 1 ; — Marcadé, sur l'art 513; — Demolombe, 8, n° 753 et s. — (5) Paris, 13 février 1841 (Coutard), *suprà.* (6) Paris, 23 août 1865; D. p. 67, 1, 481. — (7) Trib. de la Seine, 28 mai 1862; D. p. 63, 5, 217.—(8) Dalloz, *Jur. Gén.* Obligations; 1720.

420. — Le conseil n'a pas le droit de *provoquer* des mesures contradictoires pour le cas où il plairait au prodigue d'accomplir certains actes nuisibles à ses intérêts mêmes ; et, par exemple, il ne lui est pas permis de provoquer l'inventaire et la description des titres et objets mobiliers d'une succession dévolue au prodigue et en la possession de laquelle celui-ci a déjà été envoyé sous le prétexte que l'addition d'hérédité mettrait le prodigue dans le cas de recevoir les capitaux mobiliers de la succession et d'en aliéner indirectement les immeubles par l'effet des engagements qu'elle lui ferait contracter envers les créanciers de la succession et les héritiers ou légataires (1).

Il peut seulement s'opposer par son *veto* à certains des actes du prodigue, ce qui est tout à fait distinct du droit d'action (2).

421. — Le prodigue peut donc *refuser d'agir* dans le cas où son conseil estime qu'il y a lieu de le faire. Si l'inaction opiniâtre du prodigue était de nature à causer sa ruine, ce serait le cas de provoquer d'urgence son *interdiction*.

422. — Mais le conseil a, dans les instances où l'incapable est *défendeur*, le droit de conclure de son chef ainsi qu'il le juge à propos, et de présenter la défense du prodigue, même en l'absence et contre le gré de ce dernier ; par suite il a qualité pour attaquer les jugements rendus contre le prodigue et contre lui, soit par la voie de l'opposition (3), soit par celle de l'appel, sauf aux juges, dans ce dernier cas spécial, à ordonner la mise en cause du prodigue (4).

(1) Douai , 30 juin 1855 (Marescaux) ; D. p. 56, 2, 56. — (2) Paris, 7 mai 1852 ; D .p. 53, 2, 80. — (3) Cass. 8 décembre 1841 (Thirion) ; S.-V. 42, 1, 60 ; D. p. 42, 1, 24 ; P. 41, 2, 721 ; — V. Cass. rej. 27 décembre 1843 (Crétot) ; S.-V. 41, 1, 346 ; D. p. 44, 1, 57 ; P. 44, 1, 370 ; — Orléans, 18 mai 1853 : D. p. 54, 5, 443. — (4) Orléans, 18 mai 1853 ; D. p. 54, 5, 43.

423. — Si le conseil *refuse* de l'assister, le prodigue peut appeler son conseil devant le tribunal pour le faire *révoquer*, ou pour faire nommer un conseil *ad hoc* (1).

424. — On nomme encore un conseil *ad hoc* lorsque le conseil en titre a des intérêts personnels *opposés* dans l'affaire à ceux de l'incapable (2).

425. — Lorsque le conseil judiciaire d'un mineur a géré, en vertu d'un mandat de celui-ci, diverses affaires en dehors de sa mission d'assistance, il y a lieu pour la réception et le débat du compte de cette gestion de pourvoir le prodigue d'un conseil *ad hoc* (3).

426. — Il y a même nécessité, lorsque le conseil est appelé à exercer une action *contre* le prodigue, par exemple une demande de pension alimentaire au nom d'enfants de celui-ci, dont il se trouve être le tuteur datif (4).

427. — Ce conseil *ad hoc* est nommé soit à la requête du prodigue agissant seul (5), soit sur celle du conseil judiciaire (6).

428. — La demande est compétemment adressée au tribunal du lieu du domicile du requérant (7).

429. — Quand à la *responsabilité* du conseil judiciaire, comme sa mission se borne à donner de simples

---

(1) Orléans, 15 mai 1847 (Brujeau) ; S.-V. 47, 2, 267 ; D. p. 47, 2, 138 ; — Besançon, 11 janvier 1851, D. p. 51, 2, 60 ; — Cass. 12 août 1868 (Duroussy); D. p. 69, 1, 268. — (2) Cass. 3 juin 1860 ; D. p. 60. — (3) Trib. Seine, 14 avril 1859 ; D. p. 66, 5, 262. — Dijon, 21 mars 1860 ; D., p. 626, 262. — (4) Trib. Dijon, 13 nov. 1866; D. p. 67, 3, 5. — (5) Trib. Seine, 14 avril 1859. — (6) Trib. Dijon, 21 mars 1860. — (7) Trib. Seine,1859 et Trib. Dijon, 21 mars 1860.

avis, et qu'elle n'entre ni dans sa gestion, ni dans l'administration des biens, il en résulte que le conseil ne peut être soumis à aucune comptabilité ni responsabilité; que par suite ses biens ne sont pas grevés d'hypothèque légale.

430. — Il peut être défendu aux prodigues de plaider, de transiger, d'emprunter, de recevoir un capital mobilier et d'en donner décharge, d'aliéner ni de grever leurs biens d'hypothèques, sans l'assistance d'un conseil qui leur est nommé par le tribunal.

(*Code civil*, art. 513.)

431. — La personne pourvue d'un conseil judiciaire est, en principe, capable de tous les actes civils.

Son incapacité n'est que d'*exception*.

Dans les cas où cette incapacité existe, si la personne agit sans l'assistance de son conseil, l'acte qu'elle fait est *annulable*.

432. — Ces cas viennent d'être limitativement énumérés plus haut.

Il ne s'en suit pas qu'il soit facile de distinguer les actes pour lesquels l'individu, pourvu d'un conseil, a besoin d'être assisté et ceux pour lesquels cette assistance n'est pas requise.

Ainsi, l'on admet que l'individu pourvu d'un conseil judiciaire a le droit d'aliéner ses meubles, parce que dit-on, la défense d'aliéner est présentée par les articles 499 et 513 comme connexe avec celle d'hypothéquer, mais en même temps, on enseigne que le même individu ne peut ni plaider, ni transiger sur une matière mobilière.

433. — La défense d'aliéner sans l'assistance d'un conseil s'applique aux actes à titre gratuit *entre-vifs*, c'est-à-dire à la *donation*, mais non au testament qui est par excellence l'œuvre personnelle du testateur.

434. — A l'égard des *conventions matrimoniales*, la nécessité de l'assistance du conseil est discutée. On s'accorde bien à admettre que l'incapacité ne peut, sans cette assistance, consentir aucune clause dont le résultat serait de l'appauvrir aux dépens de son conjoint. Mais, on cesse de s'entendre, lorsqu'il s'agit de déterminer le *régime applicable au cas où il n'a pas fait de contrat* M. DEMOLOMBE, soutient avec force que la communauté légale tombe sous le coup des prohibitions établies plus haut par le Code. Or, on ne saurait nier que cette opinion ne soit bien déduite; la communauté légale est une communauté conventionnelle tacite, et elle applique souvent les plus exorbitantes aliénations; cependant *la doctrine contraire est généralement admise* (1); on la fonde sur ce que le Code civil a fait de ce régime le droit commun, c'est-à-dire celui qui est sous-entendu pour tous les cas où il n'existe pas de contrat.

435. — De l'avis de tous les auteurs, l'incapable pouvant se marier sans l'assistance de son conseil ; il est certain que ses biens sont grevés de l'*hypothèque légale* au profit de la femme.

Ces questions reviendront, au reste, dans l'étude que nous ferons ultérieurement de la jurisprudence.

436. — La défense de procéder sans l'assistance d'un conseil peut être provoquée par ceux qui ont droit de demander l'interdiction ; leur de-

____

(1) VALETTE, *Explic. sommaire*, p. 388.

mande doit être instruite et jugée de la même manière.

Cette défense ne peut être levée qu'en observant les mêmes formalités.

(Code civil, art. 514.)

Aucun jugement, en matière d'interdiction, ou de nomination de conseil judiciaire, ne pourra être rendu, soit en première instance, soit en cause d'appel, que sur les conclusions du ministère public.

(Code civil, art. 515.)

Tout parent est recevable à provoquer l'interdiction de son parent. Il en est de même de l'un des époux à l'égard de l'autre.

(Code civil, art. 490.)

Cette demande sera portée devant le tribunal de première instance.

(Code civil, art. 492.)

Les faits (nonobstant la demande) seront articulés par écrit. Ceux qui poursuivront l'interdiction, présenteront les témoins et les pièces.

(Code civil, art. 493.)

Le tribunal ordonnera que le conseil de famille donne son avis...

(Code civil, art. 494.)

Ceux qui auront provoqué (la nomination d'un
conseil judiciaire) ne pourront faire partie du conseil de famille. Cependant l'époux ou l'épouse et
les enfants de la personne dont on poursuit l'interdiction, pourront y assister sans y avoir voix délibérative.

(Code civil, art. 495.)

Après avoir reçu l'avis du conseil de famille, le
tribunal interrogera le défendeur à la chambre
du conseil : s'il ne peut s'y présenter, il sera interrogé dans sa demeure, par l'un des juges à ce
commis, assisté du greffier. Dans tous les cas, le
procureur de la République sera présent à l'interrogatoire.

(Code civil, art. 496.)

Le jugement ne pourra être rendu qu'à l'audience publique, les parties entendues. ou appelées.

(Code civil, art. 498.)

Tout jugement portant nomination d'un conseil
judiciaire sera, à la diligence des demandeurs, levé,
signifié à partie, et inscrit, dans les dix jours, sur
les tableaux qui doivent être affichés dans la salle
de l'auditoire et dans les études des notaires de
l'arrondissement.

(Code civil, art. 501.)

La nomination d'un conseil, aura son effet du

jour du jugement. Tous actes passés postérieurement sans l'assistance du conseil, seront nuls de droit.

(Code civil, art. 502.)*

437. — La défense de procéder sans l'assistance d'un conseil peut être provoquée par ceux qui ont le droit de demander l'interdiction, c'est-à-dire que *tout parent* et chacun des *époux* peuvent provoquer cette mesure contre leur parent ou époux. Quand même le demandeur serait étranger à la France, il aurait cette prérogative, puisqu'il suffit de la parenté et que le législateur n'a fait aucune distinction.

438. — Ainsi le mari est admissible à provoquer contre la femme la nomination d'un conseil judiciaire, lorsqu'elle n'est que séparée de biens, afin de prévenir la dissipation des biens meubles (1), et même en cas de séparation de corps et de biens (2).

Il est certain que lorsqu'il s'agit de la dation d'un conseil judiciaire, le Code civil ne distingue pas la femme mariée ou séparée de biens.

439. — Le *tuteur*, même étranger à la famille, peut provoquer, au nom de ses pupilles, la nomination d'un conseil judiciaire.

440. — De même qu'un individu ne peut provoquer *sa propre interdiction*, de même il ne pourrait, en se reconnaissant *prodigue*, poursuivre lui-même la nomi-

---

(1) DURANTON, *Cours de Droit français*, 3, n° 718. THOMINE-DEMAZURE, *Proc. civ.*, n° 1048 ; — TOULLIER, 2, n° 1317 ; — Bourges, 3 juillet 1837 ; — Cass. 4 juin 1838. — (2) Nancy, 26 novembre 1868 (de Ruelle); D. p. 69, 2. 199.

nation d'un conseil judiciaire à sa personne (1). Mais celui auquel un conseil judiciaire est nommé, sur la demande d'un parent, peut valablement *acquiescer* au jugement; par suite, un pareil acquiescement interdit la voie de l'*appel*.

441. — En renvoyant, dans la dation du conseil au titre *de l'interdiction*, l'article 513 semble avoir donné au ministère public le droit de poursuivre la dation du conseil. Nous ne croyons pas cependant que la demande en nomination de conseil judiciaire puisse être intentée d'office; elle diffère de l'interdiction proprement dite en ce qu'elle ne tient pas à l'*ordre public* et qu'elle est bornée à de simples intérêts privés (2). Cependant, il a été jugé qu'il a qualité pour provoquer et que les tribunaux civils sont compétents pour ordonner la dation d'un conseil judiciaire à un *étranger* résidant en France et qui n'y a aucun parent connu (3).

442. — L'action en dation d'un conseil nommé par justice n'étant pas transmissible, ne peut, en cas de décès du demandeur pendant l'instance, être exercée par le *donataire à titre universel* (4).

443. — En cas de décès du conseil judiciaire, la nomination d'un nouveau conseil peut être provoquée par les mêmes personnes qui avaient qualité pour provoquer cette dation.

444. — En cas de *démission* du conseil donné à un prodigue, la nomination du remplaçant ne peut être

____

(1) Turin, 4 janvier 1812 (Rossi); S.-V. 13, 2, 322; C. n. 4, 2, 2; J.-G. 1, 103; — *Contrà* TOULLIER, 3, n° 1373. — (2) Bruxelles, 25 août 1810 (Dons); S.-V. 11, 2. 122; C. n. 3, 2, 344, — (3) Rouen, 5 décembre 1853; D. p. 54, 2, 123. — (4) Bordeaux, 23 août 1854; D. p. 55, 2, 105.

demandée au juge par le démissionnaire lui-même ; elle ne peut l'être que par les parents et l'époux du pro-digue (1).

445. — Le droit de poursuivre la dation du conseil judiciaire ne peut être exercé par les créanciers des parents qui négligent de former eux-mêmes la demande, car ce droit, quoique réel sous quelques rapports, est plutôt *personnel* (2).

446. — En énonçant que cette demande doit être instruite et jugée comme la demande en interdiction, l'article 514 se réfère à l'article 492 qui exige qu'elle soit portée devant le *tribunal de première instance*. L'article 890 du Code de procédure civile reproduit la disposition attributive, mais n'explique rien et laisse tout dans le vague. De là, nous devons conclure que le législateur a voulu s'en tenir au droit commun.

447. — L'action est dirigée *contre* la personne qu'on veut faire placer sous l'assistance d'un conseil judi-ciaire ; si c'est un *mineur*, le tuteur doit être appelé et mis en cause pour le représenter. Si le mineur n'a pas subi d'interrogatoire et qu'il est seulement représenté par son subrogé tuteur, l'action est *nulle* comme irré-gulière (3). Cette dernière décision est fondée sur la combinaison des articles 496 et 514 du Code civil. On ne saurait douter que le prodigue ne doive nécessairement figurer en personne comme défendeur dans une ins-tance où il s'agit de lui donner un conseil judiciaire, ou qu'il ne doive, du moins, y être appelé pour y subir *l'interrogatoire*, qui constitue une des formalités les

---

(1) Trib. Nancy, 30 avril 1868 ; D. p. 69, 2, 199. — (2) C. civ., art. 1066. — (3) Nimes, 22 avril 1839 (Vinay) ; S.-V. 39, 2, 433 ; D. p. 40, 2, 17 ; P. 39, 2, 490.

plus substantielles de la procédure en cette matière. Procéder autrement, ce serait exposer le mineur parvenu à sa majorité à se trouver incapable sans le savoir et à induire les tiers à des erreurs désastreuses.

448. — S'il s'agit d'une femme mariée, il faut qu'elle soit *autorisée* à ester en justice.

Une femme dont le mari est *absent* et contre laquelle on poursuit la nomination d'un conseil judiciaire, peut être réputée suffisamment *autorisée* à ester en justice par le jugement qui ordonne son interrogatoire et la convocation d'un conseil de famille (1). En tout cas, les juges pourraient rejeter la demande en nullité des procédures formée par la femme pour défaut d'autorisation, en se fondant sur ce que cette nullité, qui ne peut être invoquée que dans l'intérêt de la femme, serait sans aucune nullité pour elle.

La femme qui est demanderesse contre son mari doit avoir l'autorisation de la justice (2).

449. — Il doit être nommé un *administrateur provisoire* au prodigue durant l'instance en nomination d'un conseil judiciaire.

450. — Comme en matière d'interdiction : 1° la demande doit être portée devant le tribunal de première instance du domicile du défendeur ; 2° les faits de prodigalité doivent être articulés par écrit avec offre de produire les témoins et les pièces ; 3° un conseil de famille, dans la composition duquel les parents provocateurs de la demande ne peuvent entrer, doit être convoqué pour donner son avis. L'inexécution de ces deux

____

(1) Caen, 1er mai 1826. — (2) Toulouse, 8 février 1823 (O...), S.-V. 23, 2, 130; C. n. 7, 2. 170; J.-G. 9, 541.

dernières conditions entraîne la *nullité* de la dation du conseil (1).

451. — Lorsque la nomination d'un conseil judiciaire à un individu est poursuivie par un autre que sa femme et ses enfants, ceux-ci doivent figurer avec voix délibérative dans le conseil de famille appelé à donner son avis (2).

452. — Le prodigue doit être entendu ou appelé (3), mais son refus de se rendre au lieu indiqué pour subir l'interrogatoire n'empêcherait pas de statuer sur la demande (4).

453. — Cet interrogatoire est *nécessaire*, même quand il s'agit de la nomination d'un conseil à un mineur (5).

454. — Les membres du conseil de famille qui ont donné leur avis sur une demande en nomination de conseil judiciaire, peuvent *déposer* comme témoins sur les faits de prodigalité (6).

455. — Le jugement de dation d'un conseil judiciaire, doit être rendu en audience *publique* et sur les *conclusions* du ministère public.

456. — Si le prodigue a un procès à soutenir con-

(1) Cass. 26 janvier 1848 (Sauvage); S.-V. 48, 1, 177; D. p. 41, 2, 158; P. 41, 1, 649. — Cass. 19 août 1850; D. p. 50, 1, 281. — Bordeaux, 23 août 1854 (Sauvage); D, p. 55, 2, 105. — (2) Paris, 19 juin 1857; D. p. 58, 2, 95. — (3) Nîmes, 22 avril 1839 (Vinay); S.-V. 39, 2, 433; D. p. 40, 2, 17; P. 39, 2, 490. — (4) (Cass. 4 juillet 1838 (Barberand). — (5) Nîmes, 22 avril 1839 (Vinay). — (6) Bruxelles, 15 mai 1807 (Haymulder); — S.-V, 7, 2, 706; C. n. 2, 2, 242.

2.

tre son conseil, il doit se faire nommer un conseil *ad hoc* (1).

457. — Le jugement de dation d'un conseil judiciaire doit être levé, signifié et *affiché* dans la salle de l'auditoire et dans les études des notaires de l'arrondissement.

458. — L'absence de notification du jugement au prodigue, même mineur, le rend inopposable à celui-ci, alors surtout qu'il n'a pas été appelé à l'instance, et que rien ne prouve qu'il ait eu connaissance dudit jugement avant les actes dont on prétend faire prononcer la nullité pour défaut de concours du conseil judiciaire (2).

459. — La défense de procéder sans l'assistance du conseil ne cesse *de droit*, dans aucun cas, même dans le cas de décès du conseil, ni par la majorité du mineur semi-interdit (3).

460. — Il a cependant été décidé que la fille ou veuve placée sous l'assistance d'un conseil judiciaire en est relevée par le fait seul de son mariage, quand même il serait prouvé que le conseil lui avait été donné pour la défendre des prodigalités auxquelles l'entraînait celui qui, depuis, est devenu son mari. Pour qu'il en fût autrement, il faudrait prouver que, postérieurement au mariage, le mari a entraîné sa femme dans des prodigalités blâmables (4).

461. — Le prodigue a qualité pour demander *main-*

---

(1) Trib. Seine, 30 avril 1870 ; D. p. 70. 3, 78. — (2) Nîmes, 22 avril 1839 (Vinay), v. *suprà*. — (3) Rennes, 16 décembre 1833. — (4) Nancy, 3 décembre 1838 (v. *suprà*).

levée du jugement qui lui a imposé l'assistance d'un conseil judiciaire.

462. — L'assistance du conseil judiciaire doit être levée, et le jugement dont elle résulte doit être *révoqué* lorsque les circonstances ou le caractère de ceux qui en ont été l'objet sont modifiés au point qu'il n'y a plus de danger de le laisser agir sans conseil (1).

463. — Cette demande en *réhabilitation* peut être introduite soit par celui qui a provoqué la dation du conseil, soit par le conseil, soit par l'assisté lui-même, soit par sa femme (2).

C'est le tribunal du nouveau domicile du prodigue qui est seul compétent pour statuer sur sa demande en main-levée du conseil judicaire, et non le tribunal du domicile qu'avait le prodigue au moment où a été rendu le jugement portant nomination de ce conseil (3).

La demande en réhabilitation doit, à peine de déchéance, être appuyée d'une articulation des faits et d'une indication des témoins dans la requête elle-même (4).

464. — Le conseil (à l'exception des époux, ascendants et descendants) peut demander à être *déchargé* de cette fonction après *dix ans*.

465. — Le conseil judiciaire ne peut se *démettre* purement et simplement de son mandat ; il demeure responsable vis-à-vis des tiers et de la personne assistée,

---

(1) TOULLIER, n° 1386. — (2) Rennes, 16 août 1838 (Dubois-Beaulieu) ; S.-V. 39, 2, 284 ; D. p. 39, 2, 31. — (3) Paris, 11 germinal an X ; — Cass. 14 décembre 1840. — (4) Rennes 16 août 1838 (Dubois-Beaulieu).

jusqu'à ce que sa démission ait été acceptée par justice et son successeur nommé (1).

466. — Lorsqu'une obligation contractée pendant la dation du conseil est *ratifiée* par l'assisté depuis sa réhabilitation, cette ratification a un effet rétroactif, même à l'égard de l'hypothèque attachée à l'obligation (2).

467. — Nous allons maintenant revenir rapidement sur les *effets* du jugement de dation d'un conseil judiciaire et sur les attributions de ce conseil.

1° ACTES POUR LESQUELS L'ASSISTANCE DU CONSEIL JUDICIAIRE N'EST PAS OBLIGATOIRE.

468. — En ce qui concerne *la personne*, la nomination d'un conseil judiciaire ne porte atteinte ni modification aux droits civils et civiques de celui qui en est l'objet ; il n'est pas remplacé dans la gestion de son patrimoine, il en conserve au contraire le gouvernement.

Ainsi le prodigue, pourvu d'un conseil, peut *seul* changer de domicile en observant les formalités voulues par la loi (3), et conserve de même l'exercice de ses droits *politiques*, et peut être témoin instrumentaire, etc. (4), mais il ne peut toutefois être *juré* (5), — il peut contracter *mariage* et peut donc, s'il y a lieu, faire sans l'assistance du conseil les *actes respectueux* à ses père et mère, mais il ne peut seul demander la main-levée

---

(1) Nancy, 26 novembre 1868 (De la Ruelle), D. p. 69, 2, 199. — (2) Paris, 14 prairial an X (Boudet) ; S.-V, 2, 2, 293 ; C. n. 1, 2, 74 ; J.-G. 9, 191. — (3) C. civ., art. 103, 104. — (4) DALLOZ, *Jurisp. génér.; Droits politiques*, 2. — (5) Décret du 7 août 1848, art. 3 ; — L. 4 juin 1853, art. 2.

d'opposition à son mariage). Il peut disposer seul par *testament,* — il conserve le droit de *reconnaître* ses enfants naturels (1).

469. — Les effets de la dation du conseil, quant à la *gestion des biens* du prodigue, sont énumérés par la loi. Par cela même qu'elle a pris soin de préciser ceux des actes qui sont interdits au prodigue sans l'assistance de son conseil, l'énumération doit être rigoureusement renfermée dans ces limites, sans qu'il soit permis aux juges de les restreindre ou de les étendre.

Il s'ensuit que le prodigue peut faire seul les *actes d'administration,* louer ses maisons et ses terres, mais en se renfermant, pour la durée et l'époque du renouvellement des baux, dans les termes de la loi (2). Ainsi, il ne peut seul consentir un bail dont la durée excède neuf ans, sinon il est fondé à demander, avec l'assistance de son conseil, que le bail par lui consenti soit renfermé dans cette période de neuf ans (3), — il peut seul recevoir ses revenus, loyers et fermage, arrérage de rentes et les employer comme il lui plaît; — vendre ses fruits et denrées, — prendre lui-même appartement, louer des domestiques, — faire à ses propriétés les réparations d'entretien qui peuvent se prendre sur les revenus (mais il ne peut faire, à ses immeubles les grosses réparations nécessaires ou seulement utiles que si leur prix doit être acquitté uniquement sur les revenus), — se faire faire dans la limite de ses ressources des fournitures pour ses besoins personnels et ceux de sa famille et en acquitter le prix avec des billets à ordre à défaut d'argent comptant (4), sauf réduction

(1) Douai, 23 janvier 1819 (Boulanger); S.-V, 20, 2, 102; C. n. 6, 1, 11; — Cf. Cass. rej. 22 juin 1813 (Carton); S.-V. 13, 1, 281; C. n. 4, 16, 375; — J.-G. 8, 649. — (2) C. civ. art. 1429, 1430, 1710. — (3) Toulouse, 23 août 1855 (Duclos); D. p, 55, 2, 328.— (4) Orléans, 9 juin 1853 (Ballot); D. p. 54, 5, 442; — Cass, 3 avril 1855 (Mouton); D. p. 55, 1, 130.

par les tribunaux s'il y avait excès (1), accepter une succession (2) ou une donation, à moins que les charges de la donation ne soient de nature à rentrer sous l'application de l'article 513, — procéder à un partage (3) et notamment procéder à l'inventaire des biens de la succession à partager et toucher les deniers comptants qui s'y trouvent (4), car l'assistance du conseil n'est nécessaire qu'au cas où, pour parvenir à la complète liquidation de la succession, le prodigue aurait à faire des actes interdits par la loi, ou s'il s'agit non d'un partage amiable, mais d'un partage judiciaire.

2° ACTES POUR LESQUELS IL DOIT ÊTRE ASSISTÉ.

470. — Les seuls actes pour lesquels l'assistance du conseil est nécessaire sont les suivants : *plaider, transiger, emprunter, recevoir un capital mobilier et en donner décharge, aliéner, grever ses biens d'hypothèques.* Le pouvoir de conseil demeure libre à l'égard de tous autres, et les tribunaux ne pourraient, sans excéder leurs pouvoirs, déférer à l'assistance du conseil nommé les actes que la loi n'y a point assujettis (5).

471. — 1° PROCÈS. — L'incapacité de *plaider* est *absolue* et s'applique tant aux procès qui tiennent à la personne qu'à ceux qui tiennent aux biens ; en conséquence l'individu pourvu d'un conseil ne peut, sans cette assistance, interjeter appel d'un jugement de séparation de corps (6).

(1) Lyon, 10 mai 1861 ; D. p. 61, 2, 165. — (2) Douai, 30 juin 1855 ; D. p. 56, 2, 56. — (3) Douai, 30 juin 1855 ; D. p. 56, 2, 56. — (4) Rouen, 19 avril 1847 (Lemoine) ; S.-V. 47. 2, 363 ; D. p. 47, 2, 91 ; P, 47, 1, 590. — (5) DURANTON, 3, n° 799 ; — TOULLIER, 2, n° 1378. — (6) Limoges, 2 juin 1856 (Barrot) ; D, p. 57, 2, 26. — *Sic* DEMOLOMBE, 8.

472. — Il peut bien *contracter mariage* sans cette assistance; mais il ne s'ensuit pas que, s'il se rencontre à l'exercice de ce droit des obstacles qui l'obligent d'avoir recours à l'autorité de la justice, il puisse se dispenser de l'assistance de ce conseil. En vain dirait-on que ce serait gêner la liberté la plus précieuse, le conseil judiciaire n'est établi que pour garantir le prodigue de sa propre faiblesse et de ses penchants à la dissipation de ses biens ; le législateur, en laissant au prodigue le droit de disposer de sa personne, n'a mis à ce droit aucune restriction. Mais l'article 513 du Code civil est positif, absolu, et il en résulte que le pourvu de conseil ne peut plaider sur une *opposition* à son projet de mariage (1), et on estimerait à tort qu'il suffit d'appeler le conseil à l'instance engagée sans son concours.

473. — Il a été décidé que le *mari* auquel un conseil judiciaire a été donné n'a pas capacité suffisante pour autoriser sa femme à ester en jugement, et que le conseil doit par sa présence ratifier l'autorisation (2). Mais la loi d'accord avec la morale, ne veut pas qu'un tiers puisse exercer un droit exclusivement attaché à la personne. Concourir à l'acte qui prend naissance dans la prérogative maritale c'est s'ingérer indubitablement dans des choses qui tombent sous le lien naturel du mariage, et violer de la sorte le précepte prohibitif.

474. — Si le conseil judiciaire ne peut agir seul, à l'insu ou en l'absence du prodigue, il est partie nécessaire pour *défendre* à toutes les actions intentées contre

(1) Toulouse, 2 décembre 1839 (Massoc), — Besançon, 11 janvier 1851 (Jarre) ; D. p. 51, 2, 61. — Trib. Seine, 23 octobre 1869 ; D. p. 69, 3, 90. — (2) Paris, 27 août 1833 (Bonvalet) ; S.-V. 34, 2, 556 ; D. p. 36, 2, 107. — Magnin, *Minorité.* 1, 909. — Duranton, 2, n° 50.

le prodigue, comme pour l'assister dans toutes les actions qu'il intente (1).

Le majeur soumis à la direction d'un conseil, dit TOULLIER (2), agit par lui-même ; son conseil ne doit point paraître en son nom dans le procès ou dans les actes qu'il fait, et doit n'y être nommé que comme approuvant ce qu'il fait.

475. — Mais le conseil judiciaire est recevable à former seul, en sa qualité, *opposition* à la condamnation par défaut prononcée contre lui et le prodigue, sur une assignation qui lui avait été donnée conjointe ment (3).

476. — Cette distinction est exacte. En effet, en pareil cas, le conseil judiciaire devient partie dans l'instance, et son opposition et la *continuation* d'un procès déjà formé, et non l'introduction d'une instance nouvelle. Il agit ici dans les limites de son droit; disons même qu'il accomplit un devoir que l'inaction du prodigue peut-être concertée avec ses créanciers, ne doit pas pouvoir l'empêcher de remplir.

477. — *La nullité de la créance qui est opposable au cédant peut être opposée au cessionnaire.*

Le Conseil judiciaire peut attaquer seul les actes faits par le prodigue à une époque et dans les conditions qui

(1) Cass. 20 mai 1806 (Gardini); S.-V. 6, 1, 263; C. n. 2 1, 245 ; — Cass. 6 juin 1810 (Devroëde); S.-V. 10, 1, 338; C. n. 3, 1, 194. — (2) TOULLIER, 2, n° 1372. — *Sic* FAVARD. — ROLLAND DE VILLARGUES, *Rép.*, v. *Cons. judiciaire*, n° 15 et 35. — (3) Cass. 8 déc. 1841 (Thirion); S.-V. 42, 1, 68; D. p. 42, 1, 24; — P. 41, 2, 721; — Cass. 27 déc. 1843 (Crétot); S.-V. 44, 1, 346; E. p. 44, 1, 57; P. 44, 1, 379.

les rendent annulables ; il lui suffit de mettre le prodigue en cause (1).

Cette décision, ajoute la *France Judiciaire*, est remarquable en ce qu'elle montre les efforts de la jurisprudence à combler les lacunes de la loi.

Aux termes de l'article 513, les individus pourvus d'un conseil judiciaire sont incapables d'accomplir les actes juridiques énumérés par la loi sans l'assistance de ce conseil. Mais le prodigue ainsi frappé d'une incapacité d'agir seul, n'en reste pas moins le maître des actions qui lui appartiennent, c'est lui qui doit les exercer et son conseil ne peut que l'assister. Or, si le prodigue, après avoir passé des actes qui compromettent son patrimoine *se refuse* à provoquer la nullité de ces actes et néglige même de *s'opposer* à leur exécution, la protection dont la loi a voulu l'entourer devient illusoire. Comment le prémunir contre ce péril. Les principes ne semblent pas permettre au conseil judiciaire d'intervenir efficacement :

> Considérant (2) que le prodigue à qui un conseil judiciaire a été donné en vertu de l'article 513 du Code civil n'est pas interdit; qu'il est dans un état intermédiaire entre l'incapacité et la liberté. Que, s'il ne peut agir sans un conseil, il n'en a pas moins l'existence de ses actions en son nom et par lui-même ; que son conseil, bien différent d'un tuteur, ne le représente pas : qu'il n'a pas droit d'agir pour lui, à son insu ou malgré lui ; que, s'il peut empêcher par son *veto*, il n'a pas le droit d'action qui est tout à fait distinct et qu'aucun texte de loi ne lui accorde et ne pourrait lui accorder, eu égard à sa qualité (3).

Et cependant l'intérêt *pratique* va l'emporter sur les

____

(1) Cass. 29 juin 1881 (Goin et autres). FRANCE JUDICIAIRE, 1882, 2, p. 201. — (2) Paris, 7 mai 1852. — (3) Conf. Paris, 13 février 1841 et Cass. 20 mai 1806.

principes. La Cour de Paris (1) admit le conseil judiciaire à former *seul* opposition à un jugement qui avait
condamné le prodigue, et déclara *nulles* les obligations
en vertu desquelles la condamnation avait été prononcée. La Chambre des Requêtes rejeta le pourvoi :

> « Attendu que si le conseil judiciaire ne peut agir seul
> à l'insu et en l'absence du prodigue, il est partie néces-
> saire pour défendre à toutes les actions intentées contre
> le prodigue, comme pour l'assister dans toutes les
> actions intentées par celui-ci. »

Aujourd'hui la jurisprudence fait un nouveau pas en
avant, en admettant le conseil judiciaire à former *seul*
l'action en nullité, mais à la condition de mettre le prodigue en cause. Dès qu'il ne s'agit plus que d'une question de procédure, on n'a plus à se préoccuper de la
situation délicate dans laquelle la loi avait placé le prodigue : le conseil judiciaire assignera celui-ci en jugement commun. Le procédé est adroit, mais est-il conforme à la loi ?

478. — Il a été jugé que le conseil judiciaire peut
demander *seul*, en justice, la nullité des engagements
souscrits par le prodigue, sans son assistance, lorsque
celui-ci garde un silence (2) obstiné.

Rolland de Villargues professe une doctrine contraire à cette décision, qui nous paraît cependant fort
sage ; car la loi qui n'a donné au prodigue un conseil
judiciaire que pour le préserver de la ruine, n'atteindrait
pas son but si le conseil judiciaire ne pouvait agir seul
en justice pour la défense des intérêts de son pupille ;
et, s'il en était autrement, il arriverait que le prodigue

(1) Paris, 26 juin 1836. — (2) Paris, 26 juin 1838 (Coutard)
S.-V. 38, 2, 417 ; D. p. 38, 2, 131 ; P. 33, 2, 76.

après avoir contracté des engagements sans l'assistance de son conseil, de concert avec ses créanciers, se laisserait condamner, et leur donnerait ainsi des titres qui pourraient le faire exproprier. Or nous pensons, contre l'avis de ce jurisconsulte éminent, que le conseil judiciaire, lorsqu'il s'agit de défendre les intérêts du prodigue, puise ses droits dans son mandat qui lui impose de protéger l'incapable, même lorsque celui-ci a gardé le silence.

479. — Il y a *nullité* du jugement rendu contre un prodigue sans l'assistance de son conseil (1). Il a été, cependant, décidé que le pourvu a qualité pour défendre, seul, à une demande en *interdiction*, surtout s'il interjette appel du jugement qui l'a ainsi frappé (2).

480. — Le prodigue, lorsqu'il se trouve obligé de plaider *contre son conseil* judiciaire, par exemple, en main-levée d'une opposition à mariage peut, directement et sans l'assistance de celui-ci, introduire sa demande en nomination du conseil judiciaire *ad hoc*, dont le concours lui est nécessaire (3).

481. — Le prodigue ne peut produire à un *ordre judiciaire* qu'avec l'assistance de son conseil. Il peut figurer dans un *ordre amiable* et consentir au règlement avec l'assistance de ce conseil, qui est nécessaire, mais qui suffit dans toutes les hypothèses (4).

482. — L'individu pourvu d'un conseil judiciaire a capacité pour faire seul des actes *conservatoires*, tels

---

(1) Bruxelles, 24 décembre 1851. — (2) Cass. 15 mars 1858 (Antoine) ; D. p. 58, 1, 121. — (3) Trib. Seine, 30 avril 1870 ; D. p. 70, 3, 78. — (4) DALLOZ, *Jurisp. gén.*, Ordre entre créanciers, 460, 244.

qu'une opposition à un commandement ; mais il est tenu
d'en requérir l'assistance publique pour ester en justice
sur cette opposition (1).

483. — Le prodigue est non recevable à attaquer
seul, soit par appel, soit par pourvoi en cassation, et à
plus forte raison, malgré la résistance de son conseil,
une décision rendue contre lui. Mais il peut, en cas
d'abus d'autorité de celui-ci demander la *révocation* de
ce conseil (2).

484. — L'intervention du conseil judiciaire, postérieurement à l'instance engagée par le prodigue seul,
même après le jugement en première instance et sur
l'appel, suffit pour ratifier tous les actes de la procédure
et habiliter le prodigue (3).

485. — L'interdiction de plaider ne s'applique pas
au prodigue poursuivi pour *délit:* ainsi le prévenu,
placé sous la direction d'un conseil judiciaire, peut être
condamné à des dommages-intérêts envers la partie
civile, sans que ce conseil soit appelé dans l'instance,
alors même qu'à défaut d'appel du ministère public, le
procès se trouverait exclusivement engagé avec la partie civile (4).

486. — 2º TRANSACTIONS. — La personne pourvue
d'un conseil judiciaire ne peut, sans l'assistance de ce

(1) Montpellier 1ᵉʳ juillet 1840 (Medul) S.-V. 40, 2, 314. —
(2) Cass. 13 février 1844 (Barberaud) ; S.-V. 44, 4, 348 ; D. p. 44,
1, 104. — *Contrà*, Bruxelles, 24 décembre 1851. — Poitiers, 7
août 1867, — Cass. 12 août 1868 (Duroussy) ; D. p. 69, 1, 268. —
DEMOLOMBE, *Min. Tutelle*, 2, nº 751 ; — MASSÉ et VERGÉ sur
ZACHARIÆ, 1, nº 249, note 2. — (3) Paris, 12 décembre 1861 ; D.
p. 62, 5, 186. — (4) Cass. 29 mars 1849.

conseil, *acquiescer* à un jugement rendu contre elle ; un tel acte est nul et de nul effet ; en conséquence, l'acquiescement ainsi donné par le prodigue à un jugement par défaut, n'empêche pas la présomption de s'accomplir, faute par le bénéficiaire dudit jugement de l'avoir exécuté dans les six mois de son obtention (1).

487. — Il ne peut pas non plus, se *désister* d'une instance, sans l'avis de son conseil (2).

488. — Il ne peut *compromettre* sans l'assistance de ce conseil, sur les biens dont il a le droit de disposer librement (3). Il a été, toutefois, jugé que, lorsque postérieurement au mandat donnant pouvoir à un cointéressé de désigner un *arbitre* dans un intérêt commun, le mandant a été pourvu d'un conseil judiciaire, le mandataire ne peut plus user du pouvoir qui lui est conféré qu'en appelant en cause ce conseil (4).

489. — 3º EMPRUNT. — Tout *prêt* fait à un prodigue, postérieurement au jugement qui lui a donné un conseil judiciaire, est nul, s'il n'a été fait avec l'assistance de ce conseil (5).

Il en est ainsi, spécialement des *prêts indirects*. Ainsi, le bail consenti par un prodigue pourvu a pu être déclaré nul comme entaché de fraude et de dol par le motif que ce bail, en constatant des paiements faits d'avance au bailleur, déguisait un emprunt défendu par la loi au prodigue, qu'il contenait une clause insolite stipulant la non-garantie du preneur, en cas d'incendie, et qu'enfin

(1) Rennes, 25 décembre 1866 ; D. p. 68, 2, 74. — Cass., 6 novembre 1867 (Bellœuil). — (2) Bruxelles, 27 novembre 1823. — (3) DALLOZ, *Jur. Gén.*, Arbitrage, 227. — (4) Paris, 29 août 1851 ; D. p. 52, 5, 325. — (5) Rouen, 5 décembre 1853 ; D. p. 54, 2, 123.

ce dernier excitait *habituellement* le bailleur à fréquenter les cabarets, sans que l'arrêt qui le décide soit sujet à censure (1).

490. — Il ne peut non plus, sans être assisté, souscrire des engagements d'une nature essentiellement *commerciale*, par exemple, une lettre de change (2).

491. — De même, le prodigue qui négocie, hors de la présence de son conseil, un effet de commerce, ne fait en réalité que contracter un emprunt, lequel n'emporte d'obligation à son égard qu'autant que le créancier prouvera que la somme empruntée a tourné au profit de ce prodigue (3).

492. — 4° Réception de capitaux mobiliers. — Le conseil judiciaire a le droit, non-seulement d'assister le prodigue qui *reçoit* un capital mobilier, mais encore lorsqu'il est fait *remploi* de ce capital (4), remploi qu'il ne peut, du reste, faire sans être assisté (5).

La loi n'édictant l'incapacité que pour les *capitaux* mobiliers, le prodigue a capacité pour disposer seul des *intérêts* et revenus (6).

493. — 5° Aliénations. — Le Code civil n'entendant parler ici que de l'aliénation de capitaux *immobiliers*, le prodigue peut donc *aliéner* ses immeubles corporels.

---

(1) Cass. 5 août 1840 (Lechaffotel) ; S.-V. 40, 1, 907 ; D. p. 40, 1, 300 : P. 40, 2, 475. — (2) Cass. 1ᵉʳ avril 1860 ; D. p. 61, 1, 316. — (3) Caen 14 juillet 1845 ; D. p. 45, 4, 323. — (4) Caen, 6 mai 1850 ; D. p. 51, 2, 46. — (5) Bruxelles, 9 octobre 1823. — (6) Montpellier, 1ᵉʳ juillet 1840 (Médal) ; S.-V. 40, 2, 314.

494. — En ce qui concerne les biens *immobiliers*, tout acte d'aliénation, même par voie *indirecte*, faite par le prodigue sans l'assistance de son conseil, est frappée de nullité par l'effet de la présomption légale de défaut de discernement du disposant.

Spécialement, il ne pourrait, sans être assisté, renoncer à la *prescription*.

495. — Comme l'assistance du conseil doit être *spéciale*, c'est-à-dire donnée en chaque affaire, le prodigue ne peut pas, même avec l'autorisation de ce conseil, faire partie d'une *société commerciale* en qualité d'associé en nom collectif : en conséquence la *faillite* de cette société n'entraine pas celle de cet associé (1).

496. — La personne pourvue d'un conseil judiciaire ne peut faire une *donation entre-vifs* sans l'assistance de ce dernier (2). Notamment, son incapacité légale l'empêche de consentir une *institution contractuelle* au profit de ses enfants, sans qu'il y ait à distinguer si la libéralité est, ou non, excessive (3).

En sens contraire, un père, en constituant une *dot* convenable à sa fille, ne fait pas acte d'aliénation, mais remplit seulement une obligation naturelle (4).

Mais la *donation*, même faite avec l'assistance du conseil, n'est pas valable de plein droit : les héritiers du donateur sont toujours admis à prouver qu'il n'était pas *sain d'esprit* au moment de l'acte (5).

497. — La capacité de contracter *mariage* qui appartient à l'incapable emporte celle de consentir toutes les

---

(1) Cass. 3 décembre 1850. — (2) Paris. 24 avril 1869 (Quesnot). — (3) Montpellier, 1ᵉʳ juillet 1840 (Hédal). — (4) Pau, 25 juin 1806 (Gassedat). — (5) Dalloz, *Jur. gén.* Donation entre-vifs, 221.

conventions et dispositions de futur à futur dont le contrat de mariage est susceptible. Ainsi, le prodigue peut, sans l'assistance de son conseil, faire à son conjoint, dans le contrat de mariage, une *donation de bien à venir* (1). Cette question est, du reste, fort controversée (2).

498. — 6° HYPOTHÈQUES. — L'interdiction d'hypothéquer ne frappe, bien entendu, que les hypothèques consenties par le prodigue, et n'atteint pas les hypothèques *légales*.

499. — Toutefois, s'il s'agit soit d'engagements contractés par le prodigue sans l'assistance de son conseil, le jugement rendu à raison de ces engagements, contre le prodigue, même assisté dudit conseil, n'emporterait pas hypothèque *judiciaire* au profit du créancier, et l'exécution ne pourrait pas en être poursuivie par voie de saisie-immobilière, surtout lorsque le conseil n'a figuré dans l'instance que pour autoriser le prodigue à ester en justice et qu'il *conteste* la validité des engagements qui ont fait l'objet de la condamnation intervenue (3).

500. — Bien qu'accorder une *rente viagère* ce soit naturellement soumettre ses biens à une hypothèque,

(1) Cass. 24 décembre 1856 (Rivarès) D. p, 57, 1, 18. — *Sic*, TROPLONG, *Contrat de mariage*, I, n° 297; MERLIN, *Rép.* v° *Prodigue*, § 5. — (2) Amiens, 21 juillet 1852; D. p. 53. 2, 39; — Bordeaux, 7 février 1855 (Metayer); D. p. 56 2, 250 et 57, 1, 17. — Pau, 31 juillet 1855 (Rivarès); D. p. 56, 2, 249. — Agen, 21 juillet 1857 (Rivarès); D. p. 57, 2, 168. — *En ce sens* : MARCADÉ, sur les art. 513 et 1398; — VALETTE sur PROUDHON, t. 2; — DEMANTE, 2, n° 285 *bis*; — DEMOLOMBE, 3, n° 22; — MASSÉ et VERGÉ sur ZACHARIÆ, 1, n° 249 et 4 § 635; — BELLOT DES MINIÈRES, n° 702. — (3) Dijon, 22 novembre 1867; D. p. 68, 2, 73.

puisque, à défaut de paiement, le crédit-rentier pourra requérir une inscription, cependant, le prodigue peut valablement, sans l'assistance de son conseil judiciaire, consentir une *rente viagère*, alors d'ailleurs qu'il s'agit de rétribution de services rendus (1).

501. — Le prodigue assisté peut hypothéquer et donner main-levée d'une hypothèque, sans avoir besoin de l'autorisation du *conseil de famille*.

502. — NOTA. — L'inexécution des dispositions prohibitives de la loi entraîne de plein droit la *nullité* des actes faits par le prodigue non assisté. Ainsi, l'acte d'emprunt passé par le prodigue seul, est *nul*, alors même que le prêteur aurait reçu pour le recouvrement de ses fonds une délégation sur les revenus échus du mineur (2).

Ces principes ont été l'objet d'une forte critique, que nous nous dispenserons de reproduire, car selon nous, elle ne peut être soutenue d'une façon sérieuse. Et, en effet, la prévoyance du législateur serait dérisoire, si l'inexécution des dispositions du Code civil n'entraînent pas de plein droit la nullité de tout acte qui dépouille le prodigue de tout ou partie de sa fortune mobilière, sous prétexte que l'exécution de ces dispositions n'est pas prescrite *à peine de nullité*.

503. — Il faut distinguer entre ce qui constitue la *capacité* des parties et ce qui tient à la *forme* des actes. Quant à la forme et aux formalités, leur inobservation ne rend l'acte nul qu'autant qu'un texte de loi prononce cette nullité. Mais ce qui tient à la capacité des contractants, ce qui constitue le pouvoir de consentir affecte

(1) Paris, 12 décembre 1835 (Cambre) ; S.-V. 36, 2, 47 , — D. p. 36, 2, 85. — (2) Caen, 13 mai 1845.

tellement l'acte, que, cette capacité ou ce pouvoir n'existant plus, l'acte ne peut se soutenir comme manquant d'une condition essentielle du Code civil (1).

504. — Répétons, enfin, que le *prodigue* est celui qui n'a ni ordre, ni frein, ni mesure dans ses dépenses; qui s'engage follement, emporté par la seule idée de satisfaire ses passions, ses caprices ou ses fantaisies, dissipant son patrimoine par de vaines profusions et par des superfluités qui ne laissent que des traces fugitives ou nulles; or, de cet état naît la présomption légale de *non-discernement*, en sorte que le consentement du prodigue pour emprunter, plaider, aliéner, etc., n'est *complet* qu'avec l'assistance et le consentement de son conseil.

505. — L'*effet* de la nomination d'un conseil judiciaire, remontant au jour de la *prononciation du jugement*, il en résulte que les actes postérieurs que le prodigue passera sans l'assistance dudit conseil sont *nuls de droit*.

506. — L'incapacité résultant de la dation d'un conseil judiciaire *suit en pays étranger* le prodigue et peut dès lors être invoquée même quant aux engagements qui y sont contractés envers des étrangers (2).

507. — Le *billet* souscrit par un individu pourvu d'un conseil judiciaire, mais portant une *date* antérieure à l'incapacité, fait foi de sa date tant qu'il n'est pas prouvé, soit par témoins, soit par des présomptions

____

(1) C. civil, art. 1108. — (2) Cass, 6 juillet 1868 (Harry-Emmanuel); D. p. 69, 1, 267.

graves, précises et concordantes qu'il a été *antidaté* (1).
La *preuve* de cette antidate est à la charge du prodigue
ou de son conseil ; toutefois le serment supplétoire peut
être déféré au porteur du billet (2).

508. — En droit, dans la situation exceptionnelle
d'un individu placé sous la direction d'un conseil judiciaire, si, pour ne pas rendre souvent illusoire une obligation signée par lui, le Code civil (3) porte que l'acte
sous seing-privé a entre ceux qui l'ont souscrit et leurs
héritiers et ayants cause, la même foi que l'acte authentique, il ne leur est pas permis non plus d'envisager la
date y apposée comme frauduleuse et nulle de plein
droit, ce qui pourrait souvent tromper les créanciers de
bonne foi, et entraver notamment les rapports de commerce ; les juges doivent donc chercher et fixer, dans
les éléments et les circonstances de la cause, la vérité
du fait, c'est-à-dire l'époque véritable à laquelle l'obligation à été signée, et déterminer par là si le signataire
jouissait, ou non, alors, du plein et libre exercice de ses
droits.

509. — Les engagements contractés par le prodigue
sans l'assistance de son conseil judiciaire ne peuvent
affecter que ses *revenus*, et n'ont dès lors pour gage ni
ses capitaux mobiliers, ni ses immeubles (4).

509 *bis*. — Le prodigue est recevable à demander la
nullité d'un engagement qu'il a pris sans l'assistance
de son conseil, quoique la légitimité de l'obligation ait été

---

(1) C. civ., art. 502, 1319, 1322, 1328. — Orléans, 21
mars 1838 (Mélin) ; S. V. 39, 2, 326 ; — D. p. 39, 2, 68 ; — P.
39, 2, 146. — (2) Cass. rej. 8 mars 1836 (Morin) ; S.-V. 36, 1,
236 ; D. p. 36, 1. 177. — (3) C. civ., art. 1322. — (4) Dijon, 22
novembre 1867 (Bourdot) ; D, p. 68, 2, 73.

reconnue par son père, investi des fonctions de conseil judiciaire, mais n'agissant pas en cette qualité (1).

510. — La *nullité* des actes consentis sans la participation du conseil judiciaire, par l'individu auquel la loi imposait l'obligation de recourir à cette autorité, n'est pas subordonnée à l'existence d'un préjudice actuel pour ses intérêts, et doit être déclarée par les juges, même lorsque ces actes ne compromettent que sa succession (2).

511. — Il a été toutefois décidé que les obligations contractées par le prodigue non assisté ne sont pas *absolument nulles;* qu'il n'en résulte qu'une action en rescision pour cause de lésion (3); — que les engagements de l'individu pourvu d'un conseil peuvent être validés, lorsqu'il est établi qu'ils ont une *cause sérieuse* et que le prodigue a profité des causes mêmes de ces engagements (4); qu'il en est ainsi, spécialement, des lettres de change acceptées par le prodigue en règlement de fournitures à lui faites pour les besoins de son commerce; — qu'il appartient aux tribunaux d'apprécier, si les obligations résultant, par exemple, de fournitures faites au prodigue, sans l'assistance du conseil doivent être maintenues, du moins *en partie*, eu égard à la bonne foi des fournisseurs, à la nature de la dépense et à la position du débiteur (5); — et spécialement que bien que le remploi des capitaux fait sans l'assistance du conseil soit nul, cependant le prodigue, comme le conseil lui-même, est non-recevable à en contester la validité s'il y a eu ratification postérieure; la ratification

(1) Cass. 29 juin 1819 (Isabelle); S.-V. 20, 1, 8; C. n. 6, 1. 92; J.G. 9, 561. — (2) Amiens, 21 juillet 1852 ; D, p. 53, 2, 39. — (3) Metz, 21 mai 1817. — (4) Paris, 23 août 1865 ; D. p. 67, 1, 48. (5) Paris, 23 novembre 1844.

tacite et postérieure est valable dans un cas pareil (1); que le concours du conseil dans l'acte souscrit par la personne qui est placée sous sa direction n'est pas tellement essentiel que cet acte ne puisse être valable, s'il est reconnu que les intérêts actuels de l'incapable n'ont pas été compromis (2).

Le prodigue est encore moins que le mineur, *restituable* contre son délit ou quasi-délit (3).

512. — A *l'égard du conjoint* la dation d'un conseil à une femme mariée n'a pas pour effet d'enlever au mari *l'administration* des biens de la communauté, ni *aucun* des autres droits qui lui sont conférés par la loi (4).

EXEMPLES PRATIQUES.

1re *Espèce.*

513. — 1° *Un mari pourvu d'un Conseil judiciaire, et qui, dès lors, est insolvable, est incapable de faire le commerce même avec l'autorisation de son conseil, ne peut, par cela même, fut-il assisté de ce conseil. autoriser sa femme à devenir marchande publique. — Dès lors il ne peut être tenu des obligations souscrites par celle-ci et en cette qualité.*

Paris, 13 avril 1866. (Lenfant).

Il semble évident que le *prodigue*, à qui on a donné un *Conseil judiciaire*, ne peut *habiliter* sa femme à faire

(1) Bruxelles, 9 octobre 1823. — (2) Paris, 26 avril 1833. — (3) Paris, 7 mars 1852 (Sponi); D. p. 53, 2, 80. — (4) Paris, 13 novembre 1863 (Mouchet) : D. p. 63, 5, 217.

des actes qui lui sont interdits à lui-même ; c'est ce que
reconnaissent les auteurs (1) ; et, c'est par application
de ce principe, malgré l'opinion contraire de DURAN-
TON (2), que le mari pourvu d'un conseil judiciaire ne
peut autoriser sa femme d'ester en justice (3). — Pourrait-il du moins habiliter sa femme, en se faisant à cet
effet *autoriser* de son conseil ? Un arrêt de la Cour de
Paris (4) a jugé l'affirmative, qu'enseigne également
MAGNIN (5). Mais d'autres auteurs (6) se prononcent
pour la négative. — En tous cas, la question ne saurait
être douteuse, alors que les actes pour lesquels la femme
aurait besoin d'autorisation, sont précisément de ceux
que le mari ne peut faire lui-même avec l'autorisation
de son conseil judiciaire ; il est certain qu'en pareil cas,
le mari ne saurait communiquer à sa femme la capacité qu'il n'a pas lui-même. Or, il est de jurisprudence,
comme le juge notre arrêt de Paris (*Lenfant*), que si le
prodigue pourvu d'un conseil peut, assisté par lui, faire
actes de commerce isolés, il ne saurait exercer la profession de commerçant, il lui faudrait pour cela, une
autorisation *générale* que son conseil ne peut lui donner (7). C'est donc avec raison que la Cour de Paris a
considéré comme sans valeur et sans effet l'autorisation
de faire le commerce donné à sa femme par un mari
pourvu d'un conseil judiciaire, bien que ce mari eût été,
pour ce, assisté de son Conseil.

(1) DEMOLOMBE, 4, n° 2 ; — ZACHARIÆ et ses annotateurs,
MASSÉ et VERGÉ, 1, § 134, n° 40 ; AUBRY et RAU, 4, § 472. —
(2) DURANTON, 2, n° 506. — (3) Rennes, 7 décembre 1840. S. 41,
2, 243. — *Sic*, Cass. 11 août 1840 ; S. 40, 1, 858 ; — Paris, 27 août
1833 ; S. 34, 2, 556. — (4) Paris, 27 août 1838 ; S. 48, 2, 556. —
(5) MAGNIN, *des Minorités*, 1, n° 909 ; — Riom, 27 avril 1847,
P. 47, 2, 331. — (6) DEMOLOMBE ; — MASSÉ et VERGÉ ; — AUBRY
et RAU, *loc., cit.* — (7) Angers 10 février 1865 ; P. 65, 719 ; S
65, 2, 163.

2ᵉ *Espèce.*

2º La demoiselle Alphonsine Duroussy a été pourvue d'un *Conseil judiciaire* dans la personne du sieur Barreau. Le sieur Duroussy, son père, est décédé depuis, laissant deux testaments des 18 mai 1861 et 23 juin 1865, lesquels contenaient divers legs au profit d'Amédée Duroussy et de la dame Guyot, ses petits-enfants et du sieur Barreau, conseil judiciaire de sa fille. Le surplus de la succession devait être recueilli par la demoiselle Alphonsine Duroussy et François Duroussy, son frère consanguin. — La demoiselle Duroussy, pensant que les testaments de son père avaient été faits, alors qu'il ne jouissait pas de toutes ses facultés intellectuelles et par suite d'une captation sur lui exercée, demanda à son conseil judiciaire l'autorisation de les attaquer. Le sieur Barreau refusa cette autorisation ; il refusa même d'autoriser la demoiselle Duroussy à défendre à différentes actions intentées contre elle relativement au partage de la succession, et à la délivrance des legs, instances qui donnèrent lieu à deux jugements par défaut, l'un du 14 février 1867 qui ordonnait le partage de la succession, après prélèvement des legs, l'autre du 19 février 1867 qui ordonnait que les legs seraient délivrés conformément au testament. — La demoiselle Duroussy n'avait pu obtenir que son conseil judiciaire l'assistât pour interjeter appel de ces jugements, en forma elle-même appel dans son assistance, par exploit du 11 juin 1867. — Mais par deux arrêts du 11 juin 1867, rendus faute de conclure, la Cour de Poitiers, déclara la demoiselle Duroussy non recevable dans ses appels à défaut d'autorisation de son conseil judiciaire.

En présence de cette résistance absolue de la part du sieur Barreau, la demoiselle Duroussy l'assigna devant le tribunal des Sables-d'Olonne pour obtenir de lui les autorisations qu'il avait, disait-elle, refusées jusque là sans raison, ou tout au moins pour voir dire qu'il lui serait nommé un conseil intérimaire *ad hoc* en remplacement du sieur Barreau.

18 juin 1867 jugement qui rejette la demande. — Appel. — Pourvoi en cassation. La Cour suprême déclara que: — *Le pouvoir qui appartient aux tribunaux de nommer des conseils judiciaires aux prodigues, emporte celle de remplacer ces conseils, soit d'une manière absolue, soit seulement pour un cas déterminé, lorsqu'ils se trouvent empêchés ou qu'ils refusent sans motifs légitimes de remplir leurs fonctions* (C. Civ. 499 et 513).

Ainsi, lorsque le conseil judiciaire d'un prodigue refuse de l'assister dans une action en justice comprenant deux chefs, les juges, s'ils ne considèrent sa résistance comme illégitime qu'à l'égard de l'un de ces chefs, peuvent, en nommant un conseil judiciaire ad hoc, *limiter à l'examen de ce chef la mission qu'ils donnent à ce conseil.*

·L'individu pourvu d'un conseil judiciaire peut, sans l'assistance de ce conseil, faire des actes conservatoires. Il peut notamment interjeter appel d'un jugement rendu contre lui.

Cass. req. 12 août 1868 (Duroussy).

Il est généralement admis, en doctrine et en jurisprudence, 1° Qu'au cas de *refus* par le conseil judiciaire d'assister le prodigue pour contracter ou pour plaider, il ne peut être suppléé à son assistance par l'autorisation de Justice ; 2° que si le refus fait par le conseil est *abusif*, le prodigue peut s'adresser aux tribunaux pour obtenir la nomination d'un conseil judiciaire *ad hoc* (1). — Comme on le voit, il ne suffit pas qu'il y ait *refus* d'assistance de la part du conseil, et de dissentiment

_____

(1) Douai, 31 août 1864; P. 65, 693 ; S. 65, 2, 139.

entre lui et le prodigue pour que la demande de ce dernier soit accueillie ; le tribunal, auquel cette demande est soumise doit examiner et apprécier, si, de la part du conseil le refus d'assistance constitue un acte de sagesse ou un abus, et c'est dans ce dernier cas *seulement* qu'il doit procéder, à son remplacement soit définitif, soit momentané. Décider autrement serait subordonner la volonté du conseil et la décision de la justice aux caprices des prodigues, c'est-à-dire renverser les rôles. Or, ceci posé, il peut arriver que le conseil judiciaire, dans le refus qu'il fait de son assistance au sujet d'une action qui comprend *plusieurs chefs*, paraisse se tromper quant à l'un de ces chefs et ait raison quant à l'autre. Il est bien évident qu'en pareil cas, les juges qui ne doivent intervenir que lorsqu'il y a *un abus* à réprimer ont le droit, tout en nommant un conseil judiciaire *ad hoc*, de limiter la mission de ce conseil à *l'examen du chef* au sujet duquel le refus d'assistance semblerait avoir été abusif, et de maintenir, quant à l'autre chef, la décision du Conseil ordinaire. Nous disons que la mission donnée au Conseil judiciaire *ad hoc* consiste à *examiner* le chef sur lequel le tribunal pense qu'il y a erreur de la part du Conseil ordinaire ; il est certain, en effet, que la liberté d'action de ce conseil *ad hoc* doit rester entière, sauf au tribunal à apprécier ultérieurement, s'il y a lieu, en cas de *refus* d'assistance de sa part, l'emploi qu'il en aura fait. C'est là un principe que l'arrêt de la Cour suprême ne méconnaît pas, malgré l'expression un peu absolue de ses motifs. Il est évident, d'ailleurs, que s'il existait entre les deux chefs au sujet desquels se serait élevé le litige une *connexité* qui les rendît inséparables, les juges devraient, ou repousser ou admettre absolument *pour le tout* la demande du prodigue.

Quant aux actes *conservatoires* la jurisprudence (1) les

____

(1) Montpellier, 1er juillet 1840; P. 42, 2, 290; S. 40, 2, 311.

permet au prodigue. Sur la faculté d'interjeter *appel* il y
a division (1). Quoi qu'il en soit, il n'est pas douteux
que le concours d'un conseil judiciaire est indispensable lorsqu'il s'agit de *soutenir* l'appel interjeté par le
prodigue Toutefois, en cas d'empêchement ou de refus, les tribunaux peuvent, comme nous venons de le
dire, nommer un Conseil judiciaire *ad hoc*; c'est donc à
tort qu'un arrêt de la Cour de Paris (2) paraît avoir considéré le *refus* d'assistance de la part du Conseil judiciaire comme établissant contre l appel une fin de non
recevoir insurmontable.

(1) Paris, 27 mars 1844 : P. 44, 1, 554; — DEMOLOMBE, *Minor.*
tut. 2, n° 751 ; — MASSÉ et VERGÉ sur ZACHARIÆ, 1, § 249,
note 2 ; — *Contrà*, Paris, 22 décembre 1862 ; P. 63, 423; S. 63,
2, 30. — (2) Paris, 27 mars 1844 *précité*.

DEUXIÈME SECTION

De l'Interdiction.

514. — Il existe deux espèces d'interdictions : l'une est appelée *interdiction judiciaire,* et l'autre *interdiction légale.*

Elles s'appliquent toutes les deux au majeur ; elles ont de plus ce *fondement commun* que, dans l'une comme dans l'autre, le majeur a démontré qu'*il n'était pas apte à user de sa liberté.*

L'interdiction judiciaire a *pour cause l'affaiblissement ou le dérangement des facultés mentales.*

L'interdiction légale *dépend de certaines condamnations.*

1º INTERDICTION JUDICIAIRE.

515. — A Rome, on n'interdisait que le *prodigue,* c'est-à-dire la personne qui dépensait follement ses biens. Les *furieux,* le *fou,* l'*imbécile,* recevaient comme le prodigue un *curateur,* mais ils n'étaient pas interdits ; en d'autres termes, dans les intervalles lucides, ils restaient capables des actes de la vie civile.

Dans l'ancien droit français, les uns et les autres furent placés en état d'interdiction, et, comme en droit romain, soumis à la *curatelle.*

Le Code de la Convention établit la véritable idée juridique ; il déclara (1) que *l'interdit est un mineur*.

Quant aux rédacteurs du Code civil, ils hésitèrent et ne surent à quoi se résoudre. De là les difficultés et les controverses de cette matière.

516. — La question de l'interdiction intéresse au plus haut degré la liberté individuelle ; d'une part, il n'est pas douteux que la société n'ait le droit d'intervenir dans l'intérêt collectif, en cas d'affaiblissement ou de dérangement des facultés mentales de l'individu ; mais d'autre part, il importe également qu'elle n'intervienne qu'à bon escient, et que sous couleur de protéger le droit individuel, elle ne lui fasse subir la plus grave atteinte.

517. — Le majeur qui est dans un état habituel d'imbécillité, de démence ou de fureur, doit être interdit, même lorsque cet état présente des intervalles lucides.

(*Code civil*, art. 489.)

518. — Le législateur indique *trois* causes d'interdiction, mais en réalité elles se réduisent à une seule, le *dérangement des facultés mentales*.

C'est toujours une question de *médecine légale* de savoir si ce dérangement existe.

Le rôle des tribunaux est d'apprécier si les faits invoqués sont de nature à comporter une *interdiction*.

519. — Le Code civil ne parle que du majeur, mais il est généralement admis que le *mineur* peut être inter-

(1) Art. 11, L. 1, tit. IX.

dit (1), en se fondant sur ce que le Code ne parle que de ce qui se passe ordinairement ; — sur certaines paroles prononcées dans l'exposé des motifs : « *Il peut arriver qu'une personne soit en tutelle lors de son interdiction*; » — sur l'intérêt public lorsque le mineur est furieux ; — sur ce que l'interdiction d'un mineur non émancipé peut être utile dans la dernière année de sa minorité, afin d'empêcher qu'aussitôt après sa majorité, il ne ratifie des engagements contractés par lui en minorité ; — que, du reste, pour les mineurs émancipés, la faculté du retrait de l'émancipation est insuffisant, car il ne peut avoir•lieu qu'à certaines conditions.

520. — En résumé, l'*interdiction* est la déclaration faite par la *justice* qu'une telle personne, étant privée de sa raison, et par suite incapable de faire par elle-même aucun acte valable, doit recevoir *un tuteur* qui prenne soin de sa personne, administre ses biens et le représente dans les actes de la vie civile.

521. — Les *trois causes* légales d'interdiction sont : l'*imbécillité*, c'est-à-dire l'absence d'idées ou l'idiotisme ; la *démence* qui provient, non de la faiblesse de l'esprit, mais d'un déréglement d'idées qui ôte l'usage de la raison, — et la *fureur* qui pousse le dément à des actions dangereuses.

522. — Ces trois causes d'interdiction sont énumérées *limitativement* par la loi, il n'est pas permis d'en admettre d'autres.

523. — Remarquons en outre : D'une part, que des actes *isolés, accidentels* et *peu*

____

(1) VALETTE ; — DEMOLOMBE, 8.

nombreux de démence ou de fureur ne peuvent servir de fondement à une demande en interdiction ;

D'autre part, qu'il n'est pas nécessaire d'établir que la personne dont on poursuit l'interdiction est dans un état *incessant, continuel* de démence et de fureur : la loi veut, mais cela suffit, un état habituel.

Ainsi les *intervalles lucides* ne font point obstacle à l'interdiction. Disons mieux, ils ne font que la rendre nécessaire. Si, en effet, l'interdiction d'une personne qui n'est qu'en état *habituel* de démence ou de fureur, n'était pas permise, ou si on en limitait les effets au temps pendant lequel ont lieu ses accès, la validité des actes que ferait cette personne dépendant alors de la question de savoir si elle était privée de raison au moment où elle les a faits, ou si elle se trouvait à la même époque dans un intervalle lucide, on créerait ainsi des *questions de faits* qui jetteraient toutes sortes d'embarras, d'entraves dans les affaires. L'interdiction, au contraire, prévient ces difficultés, car l'incapacité qu'elle engendre est *continue* et *permanente :* elle commence sitôt le jugement et tant qu'il dure, elle dure avec lui et *sans intervalle ;* d'où cette règle : Tout acte fait pendant l'interdiction est réputé fait en temps d'incapacité. Cette présomption, toute d'ordre public, n'admet point de preuve contraire : les tiers qui ont contracté avec un interdit ne sont donc en aucun cas admis à prouver qu'il était dans un intervalle lucide et en pleine raison à l'époque où ils sont entrés en relation d'affaires avec lui.

524. — Tout parent est recevable à provoquer l'interdiction de son parent. Il en est de même de l'un des époux à l'égard de l'autre.

(Code civil, art. 490.)

Dans le cas de fureur, si l'interdiction n'est pas

provoquée ni par l'époux, ni par l'épouse ni par les parents, elle doit l'être par le procureur de la République, qui, dans les cas d'imbécillité ou de démence, peut aussi la provoquer contre un individu qui n'a ni époux, ni épouse, ni parents connus.

(Code civil, art. 491.)

525. — D'après ces articles, les personnes qui ont le droit de provoquer l'interdiction sont :

1° *Tout parent de toute qualité et de tout degré,* mais il faut qu'il soit un parent au degré *successif.*

Un *mineur* (ou pour lui son *tuteur*) a le droit de provoquer l'interdiction de son parent (1).

L'interdiction du père, tuteur légal de ses enfants mineurs peut être demandée pour eux par le *subrogé tuteur* (2).

Peu importe que le tuteur ou le subrogé tuteur soient étrangers à la famille, pour qu'ils n'agissent pas comme représentants du pupille (3).

L'*autorisation* du conseil de famille n'est pas nécessaire pour cette action (4).

Les *alliés* n'ont pas ce droit (5) : Ainsi, le beau-père n'est pas admis à provoquer l'interdiction de son gendre (6) et réciproquement, le gendre celle de son beau-père (7), ni un beau-frère celle de son beau-frère (8).

Cependant, ils peuvent le faire, non dans leur intérêt

---

(1) Douai, 20 novembre 1848. — (2) Cass. 9 février 1863. — (3) Bruxelles, 3 août 1808. — Douai, 29 novembre 1848. — (4) Caen, 20 mars 1861 ; D. p. 63, 1, 279. —(5) Caen, 21 mars 1861 : D. p. 63, 1, 279. — (6) Paris, 23 mai 1835. — (7) Metz, 14 décembre 1824. — (8) Metz, 14 mars 1843. — *Contrà,* Gand, 27 avril 1835.

personnel, mais au nom de leur femme ou de leurs enfants.

526. — 2° *Le conjoint :*

Un époux *séparé de corps* a ce droit, à plus forte raison celui qui n'est que *séparé de biens* (1).

Cependant la *femme* qui demande l'interdiction de son mari, doit se faire préalablement autoriser par la justice.

527. — Il a été jugé que :

Un étranger pouvait provoquer l'interdiction de son parent regnicole (2), surtout depuis la loi du 14 juin 1819 qui a abrogé les articles 726 et 912 du Code civil.

Le *tuteur*, en cas d'inaction des parents, peut provoquer l'interdiction de son pupille parvenu à sa majorité. — Mais celui qui, à défaut de parents, a été appelé à titre d'*ami* à être membre du conseil de famille chargé de donner son avis sur la nomination d'un administrateur provisoire à une personne placée dans un établissement d'aliénés, est irrecevable à intervenir dans l'instance en interdiction (3), et à plus forte raison ne pourrait-il prendre l'initiative d'une telle demande.

528. — De même, le *mandataire spécial*, nommé par la loi à une personne enfermée dans une maison d'aliénés, est sans qualité et sans droit pour intervenir dans la demande en interdiction de cette personne (4).

Les *créanciers* de l'aliéné ne sont pas recevables à provoquer son interdiction. Ils ne pourraient pas, non plus, excepté le cas de fraude ou de dol, former tierce

(1) Montpellier, 14 décembre 1841. — (2) Liège, 10 mars 1824. — (3) Caen, 30 décembre 1857; D. p. 58, 2, 147. — (4) Caen, 30 décembre 1857, *id.* — Nancy, 4 juillet 1860 ; D. p. 63, 5, 23.

opposition au jugement d'interdiction rendu contre lui (1).

529. — 3º *Le ministère public*. Dans le cas de fureur il y a pour lui obligation d'agir ; — dans le cas d'imbécillité ou de démence, il y a pour lui *simple faculté*, et encore faut-il que le malade n'ait ni conjoint, ni parents connus (2). Si cette dernière allégation n'est pas prouvée, il ne peut agir que comme *partie jointe* (3) car ce serait à lui de prouver l'existence de parents (4).

530. — Procédure en interdiction.

Toute demande en interdiction sera portée devant le tribunal de première instance.

(Code civil, art. 492.)

Les faits d'imbécillité, de démence, ou de fureur, seront articulés par écrit. Ceux qui poursuivront l'interdiction, présenteront les témoins et les pièces.

(Code civil, art. 493.)

Le tribunal ordonnera que le conseil de famille, formé selon le mode déterminé à la section IV du chapitre II du titre *de la Minorité, de la Tutelle et de l'Emancipation*, donne son avis sur l'état de la personne dont l'interdiction est demandée.

(Code civil, art. 494.)

---

(1) Poitiers 1ᵉʳ février 1842. — (2) Nîmes, 27 janvier 1808. — Cass. 7 août 1826. — Bordeaux, 19 janvier 1829. — (3) Besançon, 15 ventôse an XI. — (4) Cass. 7 août 1826.

Ceux qui auront provoqué l'interdiction ne pourront faire partie du conseil de famille : cependant l'époux ou l'épouse, et les enfants de la personne dont l'interdiction sera provoquée, pourront y être admis sans y avoir voix délibérative.

(Code civil, art. 495.)

Après avoir reçu l'avis du conseil de famille, le tribunal interrogera le défendeur à la chambre du conseil : s'il ne peut s'y présenter, il sera interrogé dans sa demeure, par l'un des juges à ce commis, assisté du greffier. Dans tous les cas le procureur de la République sera présent à l'interrogatoire.

(Code civil, art. 496.)

Après le premier interrogatoire, le tribunal commettra, s'il y a lieu, un administrateur provisoire, pour prendre soin de la personne et des biens du défendeur.

(Code civil art. 497.)

Le jugement sur une demande en interdiction, ne pourra être rendu qu'à l'audience publique, les parties entendues ou appelées.

(Code civil, art. 498.)

En rejetant la demande en interdiction, le tribunal pourra néanmoins, si les circonstances l'exigent, ordonner que le défendeur ne pourra désormais plaider, transiger, emprunter, recevoir un capital mobilier, ni en donner décharge, aliéner, ni grever ses biens d'hypothèques, sans l'assistance d'un conseil qui lui sera nommé par le même jugement.

(Code civil, art. 499.)

En cas d'appel du jugement rendu en première instance, la cour d'appel pourra, si elle le juge nécessaire, interroger de nouveau, ou faire interroger par un commissaire, la personne dont l'interdiction est demandée.

(Code civil, art. 500.)

Tout arrêt ou jugement portant interdiction, ou nomination d'un conseil, sera, à la diligence des demandeurs, levé, signifié à partie, et inscrit dans les dix jours, sur les tableaux qui doivent être affichés dans la salle de l'auditoire et dans les études des notaires de l'arrondissement.

(Code civil, art. 501.)

L'interdiction cesse avec les mêmes causes qui l'ont déterminée ; néanmoins, la main-levée ne sera prononcée qu'en observant les mêmes formes prescrites pour parvenir à l'interdiction, et l'interdit ne pourra reprendre l'exercice de ses droits, qu'après un jugement de main-levée.

(Code civil, art. 512.)

531. — Nota. — Le jugement relatif à l'interdiction est toujours susceptible d'*appel*.

Nonobstant l'*appel*, il y a lieu d'appliquer au jugement de première instance qui prononce une interdiction (ou une nomination de conseil judiciaire), toutes les formalités de publicité prescrites par l'article 501 ; car si ce jugement est confirmé, c'est à partir de la date où il a été rendu que l'interdiction (ou la nomination d'un conseil) aura produit son *effet*.

En cas de poursuite d'une *interdiction judiciaire*, il y a ordinairement lieu de réunir deux fois le *conseil de famille* du dément pendant le cours de l'instance, et alors la composition de ce conseil, semblable à la composition du conseil de famille du mineur, en diffère sur un ou deux points.

Sur le rapport du juge et les conclusions du ministère public, le tribunal ordonnera que le conseil de famille, formé selon le mode déterminé par le Code civil, section IV du chapitre II au titre *de la Minorité, de la Tutelle et de l'Emancipation*, donnera son avis sur l'état de la personne, dont l'interdiction est demandée.

(C. de pr. civ., art. 892.)

Ceux qui auront provoqué l'interdiction ne pourront faire partie du conseil de famille : cependant l'époux ou l'épouse, et les enfants de la personne dont l'interdiction sera provoquée, pourront y être admis sans y avoir voix délibérative.

(Code civil, art. 945.)

Cette disposition commence par exclure de ce premier conseil de famille « *ceux qui auront provoqué l'interdiction* » sans distinguer leur degré de parenté. Puis, innovation remarquable, cet article introduit dans le conseil un élément nouveau, l'élément *consultatif* qui n'existe pas dans la tutelle des mineurs; il permet d'appeler comme adjoints « *l'époux ou l'épouse et les enfants* », évidemment pour donner des renseignements, puisqu'ils ne sont pas admis à voter sur l'état du malade (1). De même la mère, veuve ou non, qui aurait provoqué l'interdiction de son enfant. Par conséquent, outre ces membres consultatifs l'assemblée devra comprendre six membres *délibératifs* et quelquefois un plus grand nombre, quand il y aura des frères germains ou d'autres membres nécessaires.

Est-ce à dire que l'époux, l'épouse et les enfants ne seront jamais admis avec voix délibérative, dans ce premier conseil s'ils n'ont point provoqué l'interdiction? C'est une question controversée qui doit se résoudre à l'aide des principes du droit commun. — D'abord, à défaut de texte exceptionnel qui l'y appelle, l'*épouse* est écartée par la règle générale qui déclare les femmes incapables d'être membres d'un conseil de famille, excepté la mère et les ascendantes veuves (2). Mais elle peut y être appelée pour présenter ses observations. — Quant au *mari*, étant l'allié de sa femme au premier degré et non écarté par son sexe, il entre de droit dans la composition du conseil de famille, avec voix délibérative quand il n'a pas provoqué l'interdiction (3).

(1) Paris. 28 février 1814 ; — Nancy, 21 novembre 1844. — (2) Toullier, 2, nᵒ 1322; — Paris, 24 février 1853; Montpellier 29 juillet 1862 ; — C. Civ. art. 442, 494, 507, 509 ; — *Contrà* Valette sur Proudhon, *Etat des personnes*, 2. p. 522 et 523; Duranton, 3, nᵒ 729; Marcadé, 2, sur l'art, 495; Demante, *Explic. sommaire*, 2. nᵒ 267 *bis* : — Demolombe, 8, nᵒ 500 ; — Aubry et Rau ; — Dijon, 15 février 1866. — (3) C. Civ., 494, 505, 509; — Valette sur Proudhon, Duranton, Demante, Marcadé, Demolombe, Massé et Vergé, *loc. cit.*, — Bourges, 27 mai 1839.

4.

— Il en est de même des *enfants non poursuivants* qui doivent être appelés en qualité de membres votants (1). — De cette façon on reste fidèle à l'art. 494 (2).

Malgré le silence de l'article 495, en argumentant de 442, il faut décider que la *mère*, veuve ou non, de même que le père, en fait partie, s'il n'a pas provoqué l'interdiction.

Les autres *parents* poursuivants peuvent être appelés par le conseil à exposer leurs motifs et à fournir des explications, mais, une fois entendus, ils doivent se retirer, tandis que le mari, la femme et les enfants poursuivants, membres *officiels*, mais consultatifs, peuvent rester au délibéré sans voter.

En résumé, la loi veut que le conseil appelé à donner son *avis* sur l'état du dément soit formé, non compris le juge de paix, de six parents et alliés, pris moitié dans chaque ligne, suivant l'ordre de proximité, en y appelant exceptionnellement comme membres *nécessaires* tous les frères germains, les maris des sœurs germaines, le père, la mère veuve ou non et des amis s'il en est besoin, pour compléter (3).

Enfin aucune disposition ne s'oppose à ce que celui qui a provoqué l'interdiction, père, mère ou autre parent fasse partie du conseil de famille qui *nommera* un tuteur ou un subrogé tuteur. De même ses fils. On rentre alors dans le droit commun, avec cette *différence* en plus que la mère est toujours membre nécessaire, veuve ou non, tandis que pour un mineur, il faut qu'elle soit veuve, car alors seulement il y a tutelle et par suite assemblée de famille.

(1) VALETTE sur PROUDHON, DURANTON, MARCADÉ, DEMANTE, DEMOLOMBE ; — Rej. 25 mars 1833 ; S.-V. 33, 1. 257 : — Rouen, 30 novembre 1836 ; D. p. 37, 2, 179 ; — Caen, 29 juillet 1842 ; P. 43, 1, 46 ; — Paris, 2 mai 1853 ; S.-V. 53, 2, 321. — (2) *Contrà*, MAGNIN, 1, n° 843 ; — DUCAURROY, BONNIER et ROUSTAIN, 1, n°ˢ 719, 720. — (3) FENET, 10, p. 698.

EFFETS DE L'INTERDICTION.

532. — L'interdiction, ou la nomination d'un conseil, aura son effet du jour du jugement.

Tous actes passés postérieurement par l'interdit, ou sans l'assistance du conseil, seront nuls de droit.

(Code civil, art. 502.)

Les actes antérieurs à l'interdiction pourront être annulés, si la cause de l'interdiction existait notoirement à l'époque où ces actes ont été faits.

(Code civil, art. 503.)

Après la mort d'un individu, les actes par lui faits ne pourront être attaqués pour cause de démence, qu'autant que son interdiction aurait été prononcée ou provoquée avant son décès; à moins que la preuve de la démence ne résulte de l'acte même qui est attaqué.

(Code civil, art. 504.)

533. — L'interdiction produit des effets *dans l'avenir* et *dans le passé*, c'est-à-dire quant aux actes faits par l'interdit soit après, soit avant la décision judiciaire qui l'a prononcée.

L'article 502 du Code civil est trop absolu dans sa première partie, et *peu précis* dans sa seconde formule. Son véritable sens est que : 1° *l'interdiction (ou la nomination d'un conseil judiciaire) prononcée par l'arrêt de la cour a effet du jour de l'arrêt ; prononcée par jugement, elle n'a effet du jour du jugement, que tout autant qu'il n'y a pas appel ou que la décision de la cour confirme celle du tribunal; — 2° que le tribunal n'a aucun pouvoir discrétionnaire pour apprécier les actes faits par l'interdit durant son interdiction, et que toutes les fois qu'on leur administre la preuve que ces actes se rapportent à l'époque de l'interdiction, ils sont tenus d'en prononcer l'annulation, car ils ne sont annulables que dans l'intérêt de l'interdit.*

534. — En effet, ils ne sont pas *nuls de droit*, car:

Dans tous les cas où l'action en nullité ou en rescision d'une convention n'est pas limitée à un moindre temps par une loi particulière, cette action dure dix ans..... Le temps ne court, à l'égard des actes faits par les interdits, que du jour où l'interdiction est levée ; et à l'égard de ceux faits par les mineurs que du jour de la majorité.

(*Code civil,* art. 1304.)

Il faut ajouter : *ou de la mort de l'incapable*.

535. — Le mineur, l'interdit (ou ses représentants) ne peuvent attaquer, pour cause d'incapacité, leurs engagements que dans les cas prévus par la loi.

Les personnes capables de s'engager ne peuvent opposer l'incapacité du mineur, de l'interdit..... avec qui elles ont contracté.

(*Code civil,* art. 1125.)

536. — Lorsqu'il s'agit de *jugements*, il y a lieu de l'attaquer par la voie de droit ordinaire de l'appel ou extraordinaire de la requête civile (1).

537. — Nota. — Ces dispositions du Code concernent également la nomination du *conseil judiciaire*.

538. — A la différence des actes faits par un *mineur* qui ne sont annulables que pour *cause de lésion*, ceux qui émanent d'un interdit peuvent être annulés pour cause d'incapacité, indépendamment de toute lésion

Des difficultés sérieuses ont surgi pour savoir si : 1° le *mariage*, 2° la *reconnaissance de l'enfant naturel*, 3° le *testament*, 4° la *donation entre-vifs*, étaient annulables, comme les autres actes, bien que se rapportant *à un intervalle lucide*.

Voici à quoi tient la difficulté :

En général, les droits d'un incapable peuvent être exercés à sa place par son tuteur. Mais, ces quatre actes constituent au contraire des actes pour lesquels *la volonté d'une personne ne peut être suppléée par celle d'un autre*.

De là l'alternative suivante :

Ou l'interdit sera déclaré absolument incapable de faire ces actes, ou l'on devra admettre qu'il est apte à les faire lui-même, s'il se trouve dans un intervalle lucide.

Or, qu'est-ce que *l'interdiction* ?

C'est la plus grave de toutes les exceptions faites à la liberté ! L'homme était *majeur*, il retombe *mineur*. Cependant le majeur subsiste, ce n'est que tant que la raison a disparu qu'il est redevenu mineur : si elle reparaît

____

(1) C. de pr. civ., art. 441 et 481.

le majeur reparaît avec elle. Il est vrai que la preuve
des intervalles lucides est extrêmement difficile à faire,
mais non impossible.

539. — M. Demolombe a argumenté avec le plus
complet succès et a émis un *système* qui *admet la validité du mariage, de la reconnaissance d'un enfant naturel et du testament se rapportant à un intervalle lucide* (1).

La *donation* est restée en dehors

Le savant professeur invoque :

1° La tradition ;
2° La science médicale ;
3° La combinaison des articles 502 et 509 avec 450;
4° La nature de la protection accordée à l'interdit.

— En droit romain la théorie des intervalles lucides
existait pour le *furiosus.*

— La raison tirée des observations médicales est
excellente : « *Pendant les intervalles lucides, et pendant
l'intermittence, l'aliéné jouit de la plénitude de sa raison
il a la conscience des actes qu'il commet ; rien n'ébranle
un aliéné qui est dans un intervalle lucide* » (2).

— De la combinaison des articles 502 et 509 avec l'article 450, il ressort que la *nullité de plein droit*, prononcée par l'article 502, ne s'applique évidemment qu'aux
actes pour lesquels l'incapacité existe : or, l'article
509 assimile l'interdit au mineur en tant qu'il s'agit de
l'application des règles de la tutelle et des attributions
du tuteur et l'article 450, tout en déclarant que le tuteur
représente le mineur *dans tous les actes civils*, ne comprend que les actes à l'égard desquels la représentation
est possible.

(1) Demolombe, 8, p. 117 et suiv. — (2) Docteur Esquirol, t.
1, p. 79 et suiv.

540. — Notre éminent professeur VALETTE appuyait cette argumentation de sa puissante autorité ; il ajoutait que les mots *tous actes* de l'article 502, ne doivent pas être pris à la lettre à l'égard de l'interdit qu'à l'égard de la personne soumise à un conseil judiciaire ; *la présomption d'incapacité établie par l'article 502 est corrélative aux pouvoirs du tuteur et des autres représentants de l'incapable.*

541. — Quant à la *nature* même de la protection accordée à l'interdit, elle fournit l'argument le plus convaincant, et *apporte un principe :* « La tutelle, quelle « qu'elle soit, des mineurs ou des interdits, dit M. DE- « MOLOMBE (1) est essentiellement une mesure de pro « tection ; elle n'a pas pour but et elle ne doit pas assu- « rément avoir pour résultat de frapper celui qu'elle « protége, d'une sorte de mort civile partielle; or, c'est « là évidemment qu'en vient la doctrine que je combats, « doctrine inhumaine non moins qu'illogique..... »
« Je dis qu'une loi qui éteindrait dans la personne de « l'interdit ceux des droits qu'il ne peut exercer que « pour lui-même, c'est-à-dire les droits les plus précieux, « les plus chers à l'homme....., tournerait son exces- « sive protection en tyrannie. »

542. — M. DEMOLOMBE fait rentrer la *donation sous la règle de l'article 502*, VALETTE *l'y soustrait*, ce qui nous paraît d'une logique plus suivie.

543. — *a) Mariage de l'interdit.*

Selon nous, le mariage contracté par un interdit *dans un intervalle lucide* est valable.

La loi ne concernant aucune prohibition expresse à

(1) DEMOLOMBE, 8, p. 427.

cet égard, on ne peut suppléer au silence du législateur.

En ce sens, l'interdit n'est pas absolument incapable de contracter mariage dans les intervalles lucides; l'article 502 n'est pas applicable à cette matière (1).

Spécialement, le mariage contracté par un individu interdit pour cause d'imbécillité et d'idiotisme, avec le consentement de son tuteur ou de son conseil de famille, et sur l'avis conforme du ministère public, est valable (2).

Ici, comme en bien des circonstances, nous suivons l'opinion de VALETTE (3).

544. — *b) Reconnaissance d'un enfant naturel.*

Elle peut être faite per un interdit, pendant un intervalle lucide, et il appartient aux magistrats d'apprécier si la reconnaissance est l'œuvre spontanée d'une volonté intelligente, et si elle n'a pas été surprise par des moyens illicites.

A plus forte raison, la reconnaissance d'un enfant naturel faite antérieurement à l'interdiction, mais dans un temps où la cause de l'interdiction existait notoirement, est *valable*, si, par cette reconnaissance, celui duquel elle émane a fait un acte raisonnable (4).

545. — *c) Donation entre-vifs.*

L'interdit est capable de disposer à titre gratuit par

(1) Cass. 12 novembre 1844. — (2) Cass. 29 janvier 1843. — (3) Selon Duranton, le mariage contracté par un interdit même dans un intervalle lucide, est nul de droit dans le sens de l'article 502 c'est-à-dire *annulable* avec exclusion du pouvoir discrétionnaire des tribunaux.

Dans un troisième système adopté par Marcadé, le mariage de l'interdit n'est pas simplement nul de droit dans le sens de l'article 503, il est *véritablement nul*, c'est-à-dire inexistant. — (4) Dalloz, *Jurisp. Gén.*, Patern. et fil. 495, 496 ; — Caen, 29 janvier 1843.

donation entre-vifs, s'il dispose, étant sain d'esprit, c'est-à-dire pendant un *intervalle lucide* (1).

546. — *d) Testament.*

Le testament fait par un interdit est valable s'il a été fait *pendant un intervalle lucide* (2).

547. — Nota. Toujours avec Valette nous sommes d'avis que :

1º La disposition à titre gratuit, donation entre-vifs ou testament, faite par une personne qui a été *ultérieurement* interdite, peut être annulée pour cause de démence quoique la démence n'existât pas notoirement à l'époque où la disposition a eu lieu (3) ;

2º La disposition à titre gratuit, donation entre-vifs ou testament, faite par une personne en état de démence, peut être attaquée par ses héritiers pour cette cause, quoiqu'ils n'aient ni fait prononcer, ni provoqué l'interdiction de leur auteur avant son décès, et quoique la preuve de cette démence ne résulte pas de l'acte même qui est attaqué.

Ajoutons que la nomination d'un *administrateur provisoire* n'enlève pas à celui dont l'interdiction est poursuivie le droit de tester, sauf aux juges à apprécier, d'après les circonstances, si le *testament* est l'expression d'une volonté libre et réfléchie (4).

---

(1) En ce sens Valette. — La nullité *absolue* est professée par Demolombe, 8, p. 430 et 18 p. 399, par Demante, 4, nº 17, par MM. Zachariæ, Aubry et Rau, 5, par M. Duverger. — (2) En ce sens Valette et Demolombe, 8 et 18 ; — La nullité *absolue* et soutenue par Demante, Zachariæ, Aubry, Rau, Duverger. — (3) Dans notre sens : Colmar, 31 juillet 1823. — *Cf.* Poitiers, 18 floréal an IX ; — Cass. 11 brumaire an X ; — Cass. 25 février 1834. — (4) Toulouse, 24 mai 1836.

548. — *a)* Après cette rapide digression qui montre l'état de confusion où se trouve la doctrine, revenons aux *effets de l'interdiction dans l'avenir*, c'est-à-dire à l'incapacité qui prive désormais l'interdit de l'*exercice* de ses droits autres que ceux *essentiellement* personnels.

La nullité prononcée par le législateur repose ici sur une *présomption légale*, de sorte que les tiers ne pourraient être admis à réclamer le maintien des actes en offrant de prouver qu'ils ont été passés dans un intervalle *lucide*.

L'interdiction met fin aux mandats antérieurement donnés par celui qu'elle atteint (1).

Mais les effets du jugement ne remontent pas au jour de la *demande*, et les actes passés dans l'intervalle de la demande au jugement, ne sont pas nuls de plein droit (2), mais seulement sujets à annulation (3).

Lorsque les actes antérieurs au jugement d'interdiction n'ont pas *date certaine*, ou ne l'ont acquise que postérieurement au jugement, le tuteur fait contester cette antériorité. — Mais la mention de la date a force probante lorsque l'acte ayant été écrit et signé par l'interdit, le tuteur de celui-ci reconnait pour vraies l'écriture et la signature, en ce sens que c'est à ce dernier à prouver qu'il y a eu fraude et antidate (4).

549. — *b)* Nous avons dit que l'interdiction produisait également des effets dans le *passé*.

Le jugement qui prononce l'interdiction ne *crée* point l'incapacité de l'interdit ; il ne fait que la *reconnaître* et la *notifier au public* : elle vient, en effet, d'une cause antérieure au jugement, c'est-à-dire de l'état d'imbécillité, de démence ou de fureur dans lequel l'interdit se trouvait déjà à l'époque de la demande en interdiction.

(1) Nancy, 23 janvier 1828. — (2) Bruxelles, 2 janvier 1823. — (3) Metz, 25 février 1829 ; — *Cf.* Cass. 15 août 1824 (arrêt *isolé*). — (4) Nancy, 21 mars 1842.

L'interdiction ne fait donc que constater une incapacité *préexistante*. Elle n'a point, toutefois, sur les actes *antérieurs* au jugement qui l'a prononcée un effet aussi radical que sur les actes *postérieurs*.

A partir de ce jugement l'incapacité de l'interdit est *notoire;* elle est de plus *continue,* car (sauf exception) la preuve des intervalles lucides n'est point permise. Les actes faits pendant ce temps sont donc *nécessairement annulables.* La loi, qui les a jugés d'avance faits par un incapable, veut que les juges en prononcent la nullité, lorsqu'elle est demandée par l'interdit ou par ses représentants.

550. — Ainsi, quant aux actes *postérieurs au jugement d'interdiction*, la nullité est obligatoire pour le juge qui ne peut pas ne pas la prononcer lorsqu'on lui verse les preuves qu'en effet ils ont été faits *depuis* l'interdiction et *avant que l'interdit en ait obtenu la main-levée.* La question soulevée est une pure question de dates.

551. — Mais il n'en est plus de même pour les actes *antérieurs.* L'interdit, ou ses représentants, n'en peuvent obtenir la nullité qu'autant que ces deux preuves sont par eux concurremment apportées :

1° Que la *cause* de l'interdiction qui a été prononcée existait à l'époque où il a été fait ;

2° Qu'elle était *notoire.*

552. — Ce n'est pas tout ! Quoique cette double preuve soit apportée, la nullité de l'acte n'est pas encore certaine. Le Code civil ne dit point, en effet, qu'elle *devra* être prononcée ; il dit seulement qu'elle *pourra* l'être. Le législateur n'impose point un devoir, une obligation aux juges ; il leur confère une faculté, c'est-à-dire un pouvoir discrétionnaire. C'est à eux à peser (1) toutes

(1) Cass. 1er avril 1813 ; — Cass. 15 décembre 1818. — Cass. 15 novembre 1826.

les circonstances qui ont précédé ou accompagné l'acte, sa nature et ses conséquences plus ou moins domma-geables, la bonne foi plus ou moins grande des tiers contractants. La *notoriété* de l'état d'imbécillité, de dé-mence ou de fureur de la personne avec laquelle ils ont contracté fait, il est vrai, *présumer* qu'ils connaissaient son incapacité, mais elle n'exclut pas absolument la possibilité de leur bonne foi, il se peut, en effet, que l'acte ait été fait pendant un intervalle lucide.

553. — La faculté d'attaquer les actes *antérieurs* à l'interdiction, lorsque la cause de l'interdiction existait notoirement à l'époque où ces actes ont été faits; ne s'applique qu'aux actes purement volontaires, et non aux jugements qui n'interviennent qu'après *vérification des droits des parties* (1). Et cela, quelque éloignée que soit l'époque où ils ont été consentis, même *plus de dix ans* avant l'interdiction (2).

554. — L'obligation contractée par un individu dont la démence *notoire* a motivé, plus tard, l'interdiction peut être annulée, à l'égard des personnes qui ont con-tracté avec cet individu connaissant cet état de dé-mence (3), et même à l'égard de celles qui l'avaient ignoré (4).

555. — C'est à celui qui prétend que les actes sous-crits par un interdit l'ont été à une époque où les causes de l'interdiction existaient *notoirement* à le prouver. Mais pour être admis à faire annuler des actes sur le

---

(1) Douai, 18 février 1848 ; — Angers, 1ᵉʳ mars 1845 ; — An-gers, 13 février 1846 ; — V. aussi Caen 25 brumaire an IX. —
(2) Angers, 1ᵉʳ mars 1845. — (3) Cass. 11 mars 1861 ; D. p. 61, 1, 21. — (4) Grenoble, 30 juin 1847 ; — Rennes, 16 novembre 1813 ; — V. *toutefois* Nancy, 21 mars 1842.

motif que l'auteur était notoirement en état de démence à l'époque où il les a souscrits, il n'est pas nécessaire de préciser les faits de démence, ni d'articuler que cet état de démence existait notoirement au moment de la passation des actes, ce point devant nécessairement être éclairé par les preuves à produire (1).

556. — Un individu *non interdit* peut demander l'annulation des actes qui lui ont été surpris alors qu'il était sous l'empire d'une aliénation purement accidentelle telle que celle produite par l'*ivresse* ou la *fièvre délirante* (2).

557. — Mais peut-il demander cette annulation dans le cas où l'acte est attaqué par lui pour cause d'état *habituel* de démence, d'imbécillité ou de fureur? La *négative* résulte du texte même de la loi qui ne traite que des actes faits par une personne *qui a été interdite*. Cette solution, du reste, importe peu, car, soit que l'on prenne la *négative*, soit qu'on accepte l'*affirmative* on arrive à peu de choses près, aux mêmes résultats. En effet, lorsqu'il s'agit d'actes faits *par un interdit*, mais avant son interdiction, l'interdit ou son représentant n'ont pas besoin, pour obtenir l'annulation de l'acte qu'ils attaquent, de prouver qu'au moment où il a été passé l'interdit était hors d'état de consentir ; il leur suffit d'établir qu'il était, à cette époque, au moment où il a été passé, dans un état *habituel* de démence ou de fureur, et que cet état était *notoire*. Le défendeur peut, il est vrai, soutenir qu'au moment où il a été fait, l'interdit se trouvait dans un intervalle lucide, jouissait de la plénitude de ses facultés; *mais le doute s'interpréterait contre lui*.

(1) Metz, 10 février 1811. — (2) C. civ., art. 1109.

558.—Lors, au contraire, qu'il s'agit d'un acte fait par une personne qui n'a jamais été interdite, elle peut, sans doute, attaquer *pour cause de démence* les actes qu'elle a fait, car la démence est destructive du *consentement* qui est la première des conditions essentielles à la validité des contrats (1). Sans doute, encore, elle peut, pour établir qu'elle ne jouissait pas de sa raison au moment où elle a passé l'acte qu'elle attaque aujourd'hui, invoquer toute espèce de preuves, même les preuves indirectes, telles que de simples présomptions, et parmi elles, la circonstance qu'elle était, au temps de l'acte, dans un état *habituel et notoire de folie ;* mais son adversaire peut combattre la présomption qu'elle invoque par des présomptions contraires, auquel cas le doute s'interprète, non contre lui, mais contre elle. En d'autres termes, la présomption est qu'elle a été capable au moment de l'acte ; c'est à elle à la faire tomber par la preuve contraire ; or, si le conflit qu'elle engage sur ce point avec son adversaire n'établit qu'un doute, le doute n'étant pas une preuve, la présomption de sa capacité subsiste entière.

559. — Reste un point. Les actes faits par une personne *décédée* peuvent-ils être attaqués par ses héritiers, *pour cause d'imbécillité, de démence ou de fureur ?* Quelles preuves doivent-ils fournir à l'appui de leur demande en nullité ? Le Code civil répond par une distinction. — L'interdiction de cette personne a-t-elle été *prononcée* ou au moins *provoquée,* ses héritiers peuvent faire tomber les actes qu'elle a faits à l'époque où elle n'était pas interdite, en établissant qu'à cette époque *sa folie était habituelle et notoire.*

L'interdiction n'a-t-elle été prononcée ni même provoquée contre elle, aucun de ses actes ne peut être atta-

____

(1) C. civ. art. 1108.

qué pour cause d'imbécillité ou de fureur ; elle est présumée avoir été, à toutes les époques de sa vie, en possession de la plénitude de sa raison.

560. — Une *seule* exception a été admise : ses actes peuvent être annulés *lorsqu'ils portent en eux-mêmes la preuve de sa démence*, autrement non (1). Ainsi seront non recevables les héritiers qui demandent à prouver l'état habituel *d'ivresse* d'un individu dont l'interdiction n'a pas été provoquée, alors que, l'état d'aberration d'esprit du contractant ne résulte pas de l'acte attaqué; il n'en est pas de l'ivresse comme de la démence (2).

561. — Voici, suivant VALETTE, le motif de la loi : les héritiers ou ayants cause d'une personne décédée sont naturellement enclins à attaquer les actes qu'en son vivant elle a faits à leur préjudice, et par suite à prétendre qu'à l'époque où elle les a passés, elle n'était pas saine d'esprit. Le législateur a voulu tarir cette source de chicanes, et c'est uniquement dans ce but, qu'elle ne consent à admettre, d'autre preuve de la démence *que celle qui résulte de l'acte même qui est attaqué.*

562. — Suivant encore VALETTE, il est aussi défendu d'attaquer les actes faits par une personne décédée si elle *n'a jamais été en état d'être interdite*, c'est-à-dire si elle avait été atteinte d'une folie *purement accidentelle et passagère*. Les héritiers ne le peuvent pas non plus, pour le même motif (3).

(1) Cass. 21 janvier 1843 ; Caen, 27 janvier 1846. — (2) Guadeloupe, 6 janvier 1832 ; — Cass. 23 décembre 1834 ; — Paris, 13 janvier 1838. — (3) VALETTE sur PROUDHON, 2, p. 542. — *Sic.* DEMOLOMBE, 8, n° 660.

Soins de la personne et administration des biens de l'interdit.

---

563. — 1° ADMINISTRATION PROVISOIRE.

Après le premier interrogatoire, le tribunal, commettra s'il y a lieu, un administrateur provisoire, pour prendre soin de la personne et des biens du défendeur.

(Code civil, art. 497.)

Durant le cours de l'instance, sous la seule condition d'un *interrogatoire préalable,* un administrateur *provisoire* peut être nommé, à la diligence du demandeur, par voie de requête, sans qu'il soit besoin d'une assignation (1). En cas de refus, le demandeur peut interjeter appel, par voie de requête sans intimation.

Les magistrats ne doivent nommer un administrateur provisoire que dans le cas où il y aurait *danger* à abandonner au défendeur l'administration de sa personne et de ses biens (2), même s'il y a quelque espoir de guérison (3).

564. — Cette mesure est inutile lorsque la personne à interdire est mineure, sous l'autorité d'un tuteur, — si c'est une femme mariée, sous puissance de mari, — si le défendeur est placé dans un établissement d'aliénés, un tel administrateur ayant déjà dû lui être donné (4).

---

(1) Rouen, 11 déc. 1814. — (2) Bruxelles, 29 déc. 1838. — (3) Paris, 28 février 1814. — (4) Loi du 30 juin 1838, art. 31.

565. — Cette nomination est régulièrement faite en chambre du conseil, la *publicité* n'étant exigée que pour le jugement d'interdiction (1), alors même que le tribunal conférerait à cet administrateur, en vertu du pouvoir que lui confère le Code (2), le pouvoir d'emprunter et d'hypothéquer (3).

566. — Les juges ont, quant au *choix* de cet administrateur, un pouvoir discrétionnaire abandonné à leur conscience (4). Ils ne sont pas obligés de prendre un *parent* du défendeur, ni sa *femme*.

567. — La loi n'impose pas à ce gérant provisoire l'obligation de faire *inventaire* avant d'entrer en fonctions, mais ils peuvent prescrire cette sage précaution.

568. — L'administrateur provisoire n'a pas le droit de faire apposer les *scellés* pendant l'instance, il peut seulement, s'il en a été apposé, en demander la main levée (5).

569. — En principe, ce mandataire judiciaire est sans capacité pour les actes qui peuvent affecter le fond des droits de l'interdit, par exemple : pour défendre aux actions dirigées contre l'interdit, ou recevoir des significations de jugement ; c'est aux tiers intéressés à *provoquer* la nomination d'un tuteur et d'un subrogé tuteur (6).

Il ne peut, sans l'autorisation du juge poursuivre la *vente du mobilier* de l'interdit (7), et l'autorisation du conseil de famille serait insuffisante.

(1) Cass. 6 février 1856 ; — Cass. 19 février 1856; D. p. 56, 1, 77, (2) C. civ., art. 497. — (3) Cass. 6 février 1856 ; — Cass. 19 février 1856 ; V. *suprà*. — (4) Cass. 19 février 1856 ; *id*. — (5) DALLOZ, *Jurisp. gén*., scellés et invent., 20. — (6) Cass. 22 janvier 1856 ; D. p. 55, 1, 248. — Caen, 22 janvier 1856 ; D. p. 56, 2, 133. — (7) Bruxelles, 30 août 1806.

570. — Les juges ont, quant à la détermination des droits à conférer à l'administrateur provisoire (fut-il même la femme de l'individu à interdire), un pouvoir discrétionnaire ; ils peuvent notamment, l'autoriser à faire des emprunts jusqu'à concurrence d'une somme déterminée, et à hypothéquer, soit les biens de la communauté, soit ceux propres aux époux ; on objecterait vainement que c'est là transporter à la femme un pouvoir de disposition contraire aux principes de la communauté (1).

571. — L'administrateur est en cas *d'abus* passible de *révocation*.

572. — En cas de *décès* de l'administrateur, ses héritiers sont tenus de continuer l'administration jusqu'au jugement, ou jusqu'à ce qu'il ait été nommé un nouvel administrateur, auquel le *compte* doit être rendu.

573. — Bien entendu, à la fin de sa gestion arrivée par la nomination d'un tuteur, l'administrateur provisoire rend ses *comptes* à ce dernier. Ce compte peut être rendu à l'amiable, devant notaires ; il n'est pas nécessaire que le compte soit rendu avec l'autorisation du conseil de famille homologué par le tribunal (2).

574. — Le parent héritier présomptif, qui a provoqué l'interdiction, a droit d'assister à l'inventaire fait à la requête de l'administrateur provisoire avant la nomination du tuteur (3).

---

(1) C. civ., art. 1426, 1497. — Cass. 19 février 1856 ; V. *suprà.*
— (2) Poitiers, 25 août 1846. — (3) Ord. de Référé, Paris, 14 mars 1839.

2° TUTELLE DE L'INTERDIT.

575. — L'interdit est assimilé au mineur, pour sa personne et pour ses biens : les lois sur la tutelle des mineurs s'appliqueront à la tutelle des interdits.

(Code civil, art. 509.)

Les revenus d'un interdit doivent être essentiellement employés à adoucir son sort et à accélérer sa guérison. Selon les caractères de sa maladie et l'état de sa fortune, le conseil de famille pourra arrêter qu'il sera traité dans son domicile, ou qu'il sera placé dans une maison de santé, et même dans un hospice.

(Code civil, art. 510.)

Nul, à l'exception des époux, des ascendants et des descendants, ne sera tenu de conserver la tutelle d'un interdit au-delà de dix ans. A l'expiration de ce délai, le tuteur pourra demander et devra obtenir son remplacement.

(Code civil, art. 508.)

L'interdiction cesse avec les causes qui l'ont déterminée : néanmoins la main-levée ne sera prononcée qu'en observant les formalités prescrites pour parvenir à l'interdiction, et l'interdit ne pourra reprendre l'exercice de ses droits qu'après le jugement de main-levée.

(Code civil, art. 512.)

576. — A l'exemple du législateur, pour ne pas tomber dans des redites, nous ferons un retour rapide sur la gestion du tuteur ordinaire, renvoyant, pour la jurisprudence aux pages précédentes, ainsi qu'à celles qui suivent sur les *conseils de famille*.

S'il n'y a pas d'appel du jugement d'interdiction rendu en première instance, ou s'il est confirmé sur l'appel, il sera pourvu à la nomination d'un tuteur ou d'un subrogé tuteur à l'interdit, suivant les règles prescrites au titre *de la Minorité, de la Tutelle et de l'Emancipation*. L'administrateur provisoire cessera ses fonctions, et rendra compte au tuteur s'il ne l'est pas lui-même.

(Code civil, art. 505.)

Le mari est, de droit, le tuteur de sa femme interdite.

(Code civil, art. 506.)

577. — La *tutelle* de l'interdit autre que celle du *mari* (qu'il soit majeur ou mineur, la loi ne distingue pas) est toujours *dative*, et par suite le père du majeur interdit n'a pas, sous le prétexte que la loi le déclarant tuteur de son fils, fasse annuler la délibération du conseil de famille qui avait nommé un autre tuteur (1).

De même, un père n'a pu, dans son *testament*, nommer un tuteur à son fils interdit (2).

____

(1) Metz, 16 février 1812. — (2) Cass. 11 mars 1812. — Paris, 1ᵉʳ mai 1813. — Poitiers, 23 février 1825 ; D. p. 25, 2, 140. — *Dissert. rec.* de SIREY, 1812, 2.

578. — D'après la doctrine, la *seule exception* admise par le Code civil à la tutelle dative, celle du mari, cesse de s'appliquer s'il y a *séparation de corps*, divorce entre les époux (1) quand même elle eût été prononcée à son profit (2), et il y a lieu de nommer alors un tuteur autre que le mari, autrement la tutelle du mari aurait pour résultat de faire disparaître les effets principaux de la séparation de corps, qui, cependant ne peuvent cesser que par le consentement et la volonté des deux époux.

579. — Pourtant, dérogeant à la règle d'après laquelle (3) les femmes sont incapables d'être tutrices, le Code décide que :

La femme pourra être nommée tutrice de son mari. En ce cas, le conseil de famille réglera la forme et les conditions de l'administration, sauf le recours devant les tribunaux de la part de la femme qui se croirait lésée par l'arrêté de la famille.

(Code civil, art. 507.)

580. — Il est convenable que la femme soit mise à même de faire valoir ses droits à la tutelle de son mari interdit ; par suite, elle est fondée à demander l'annulation des décisions du conseil de famille qui ont nommé un tuteur à son mari, qui ont réglé la forme et l'administration de la tutelle, lorsqu'elle n'y a pas été appelée, et que le jugement d'interdiction n'a pas été affiché avec

______

(1) DEMOLOMBE, 8, 61 et s. — VALETTE, *Explic. somm.*, p. 374. — (2) Dijon, 18 mars 1857. D. p. 58, 1, 299. — Cass. 25 novembre 1857. — (3) C. civ., art. 442, n° 3.

les formalités voulues (1), et requérir la convocation d'un nouveau conseil auquel elle serait appelée (2). Réciproquement, si la femme est fondée à faire valoir ses droits à la tutelle de son mari interdit, lorsqu'elle se sent capable de gérer cette tutelle, elle peut *refuser* cette charge, comme elle peut refuser celle de ses enfants mineurs (3).

581. — Lorsque la femme prétend que la délibération de la famille la lèse pour une cause quelconque, *même étrangère à ses conventions matrimoniales*, elle a la faculté de se pourvoir auprès des tribunaux (4).

Ce même droit appartient à la femme qui n'a pas été nommée tutrice.

582. — Il va de soi que, malgré la généralité des termes du Code, le conseil de famille n'a pas le droit d'*augmenter* les pouvoirs de la femme tutrice, car il n'aurait pas celui d'augmenter ceux du mari tuteur (5).

583. — Rappelons que, *dans le cas où les conventions matrimoniales attribuent au mari le droit d'administrer les biens personnels de sa femme*, celle-ci, si elle est nommée tutrice de son mari interdit, acquiert le droit d'administrer ses biens personnels, mais seulement en qualité de tutrice.

En supposant les mêmes conventions matrimoniales, si c'est un tiers qui est nommé tuteur, ce tiers admi-

---

(1) Rennes, 27 décembre 1830. — (2) Bruxelles, 20 juillet 1812; — (3) Montpellier, 8 juin 1870 ; D. p. 70, 2, 230. — (4) DEMOLOMBE, 8. — (5) VALETTE. *Expl. somm.*, p. 376.

nistrera *à la place du mari* les biens personnels de la femme.

584. — Hors le cas du *mari*, le conseil de famille, composé du juge de paix du lieu où la tutelle de l'interdit s'ouvre, président de droit et de *six membres* (parents ou alliés ou amis, domiciliés dans la distance de deux myriamètres) régulièrement *convoqués*, tenus de comparaître *en personne ou par un fondé de pouvoir spécial*, sous peine d'amende, sauf *excuse légitime*, se réunira chez le juge de paix (1) pour nommer un tuteur et un subrogé tuteur à l'interdit.

585. — Le *subrogé tuteur* a pour mission d'agir pour les intérêts de l'interdit lorsqu'ils seront en opposition avec ceux du tuteur. La nomination aura lieu *immédiatement après* celle du tuteur qui ne doit pas voter pour cette nomination (2).

Ce subrogé tuteur ne remplacera pas de plein droit le tuteur, lorsque la tutelle deviendra vacante par décès, par révocation, qu'elle sera abandonnée par absence, ou si le tuteur est le conjoint, un ascendant ou un descendant par le délai de dix ans (3), mais il devrait en ce cas, sous peine des dommages-intérêts qui pourraient en résulter pour l'interdit, provoquer la nomination d'un nouveau tuteur (4).

CAUSES QUI DISPENSENT
DE LA TUTELLE ET DE LA SUBROGÉE TUTELLE
D'UN INTERDIT.

586. — *1° Excuses.*

1° Certaines fonctions ou services publics (5) ;

---

(1) C. civ., art. 406 à 416, V. *infrà*. — (2) C. civ. art. 420, 422, 423, V. *suprà*. — (3) C. civ., art. 508. — (4) C. civ., art. 424. — (5) C. civ., art. 427, 428, 429, 430. 431. *suprà*.

2º La qualité d'étranger à la famille, lorsque dans le rayon de quatre myriamètres il y a des parents ou alliés en état de gérer la tutelle (1) ;

3º L'âge de 70 ans accomplis (2) ;

4º Une infirmité grave et dûment constatée (3) ;

5º Deux tutelles déjà acceptées (4) ;

6º Cinq enfants légitimes ou légitimés, même majeurs ou émancipés, ou des petits enfants orphelins (5) ;

7º Nul à l'exception des époux, des ascendants et descendants, ne sera tenu de conserver la tutelle au-delà de dix ans. A l'expiration de ce délai, le tuteur pourra demander et devra obtenir son remplacement.

(Code civil, art. 508.)

8º Le sexe, pour la femme de l'interdit.

587. — *2º Incapacités, exclusions, destitutions.*

a) Incapacités.
1º La minorité, le conjoint excepté ;
2º L'interdiction ;
3º Le sexe ;
4º L'opposition d'intérêts avec l'interdit (6).

588. — *b) Exclusion et destitution.*

1º Condamnation à une peine afflictive ou infamante (7)

(1) C. civ.. art. 432. — (2) C. civ. art. 433. — (3) C. civ., art. 434. — (4) C. civ., art. 435. — (5) C. civ., art. 436, 437. — (6) C. civ., art. 442. — (7) C. civ., art. 443.

2° L'interdiction des droits civiques, civils et de famille, prononcée par les tribunaux correctionnels (1) ;

3° L'inconduite notoire ;

4° L'infidélité renommée dans la gestion ou l'incapacité notoire (2).

589. — Toutes les fois qu'il y aura lieu à exclusion ou à destitution du tuteur de l'interdit, elle sera prononcée par le conseil de famille, convoqué à la diligence du subrogé tuteur ou d'*office* par le juge de paix. Cette délibération sera motivée et ne pourra être prise qu'après avoir entendu ou appelé le tuteur.

590. — Si le tuteur exclu ou destitué *adhère* à la délibération, il en fait mention au procès-verbal et l'affaire en reste là.

S'il n'adhère pas, le subrogé tuteur poursuit l'*homologation* devant le tribunal de première instance, qui prononce sauf l'appel.

Le tuteur exclu ou destitué peut lui-même se porter demandeur pour faire annuler la délibération du conseil de famille, et doit former sa demande contre le subrogé tuteur (3).

591. — Le tuteur exclu ou destitué ne pourra plus être membre du conseil de famille (4) de l'interdit.

ADMINISTRATION DU TUTEUR.

592. — D'une façon générale, le tuteur de l'interdit est tenu de deux obligations; il doit :

1° *Prendre soin de la personne de l'interdit :*

(1) C. pén., art. 9, — 2° et 46, — 6°. — (2) C. civ., art. 444. *suprà.* — (3) C. civ., art. 446, 447, 448. — (4) C. civ., art. 445.

Les revenus d'un interdit doivent être essentiellement employés à adoucir son sort et à accélérer sa guérison. Selon les caractères de sa maladie et l'état de sa fortune, le conseil de famille pourra arrêter qu'il sera traité dans son domicile, ou qu'il sera placé dans une maison de santé, et même dans un hospice.

(Code civil, art. 510.)

593. — Quand la tutelle est exercée de droit par le mari, c'est à lui que continue d'appartenir le droit de déterminer la résidence de la femme, sauf au *conseil de famille* à provoquer, en cas de mauvais traitements, le retrait de la tutuelle au mari pour indignité.

594. — L'interdiction à la femme ne prive d'ailleurs, le mari d'aucun de ses droits d'époux.

595. — Mais les revenus, dans le cas où l'interdit est marié et a des enfants, ne doivent pas être entièrement dépensés pour lui. La femme et les enfants peuvent donc réclamer des aliments pour eux.

596. — Lorsqu'il a été décidé par le conseil de famille que les dépenses d'entretien de l'interdit devront être calculées dans les limites de ses revenus, le tuteur est tenu de supporter les dépenses faites au-delà, s'il n'établit pas qu'elles aient été nécessitées par des événements imprévus (1).

597. — Il y a lieu d'employer à l'*adoucissement* du sort de l'interdit et à l'accélération de sa guérison,

(1) Besançon, 20 novembre 1852; D. p. 53, 2, 107.

même les capitaux, lorsque ses revenus seront insuffisants et qu'aucun obstacle ne s'oppose à cette mesure.

598. — Le tuteur ne doit provoquer l'admission de
l'interdit dans un hospice, qu'après en avoir obtenu
l'autorisation du conseil de famille. Cette admission est
réglée par la loi de 1838 *sur les aliénés*.

599. — 2° *Administrer les biens de l'interdit.*

1° Le pouvoir d'administrer comprend celui de représenter l'interdit dans tous les actes civils (1).

600. — Observons, à cette occasion, que le tuteur
d'un mineur ordinaire n'a jamais à règler *la dot* d'un
enfant de son pupille, mais.....

Lorsqu'il sera question du mariage de l'enfant
d'un interdit, la dot, ou l'avancement d'hoirie, et les
autres conventions matrimoniales, seront règlées
par un avis du conseil de famille, homologué par
le tribunal, sur les conclusions du procureur de la
République.

(Code civil, art. 511.)

Bien entendu il ne peut être question que d'une dot
constituée avec les biens de l'interdit dont le conseil de
famille (non celui de l'enfant) doit intervenir.

Cette disposition législative s'applique :

1° A tous les descendants légitimes de l'interdit qui sont
ses héritiers présomptifs (2);

2° A ses enfants naturels.

(1) C. civ., art. 450. — (2) C. civ., art. 759, 760 et 911.

M. VALETTE est même d'avis que l'article 511 est applicable, lorsque l'*avancement d'hoirie* doit être fourni *à l'héritier présomptif pour lui servir à doter son propre enfant descendant de l'interdit* (1).

601. — Par ces mots : « Lorsqu'il sera question de *mariage* » le Code civil n'exclut pas la faculté d'accorder aussi un avancement d'hoirie à un enfant déjà marié et auquel il n'en a pas encore été accordé à l'effet de lui conférer un établissement qui le mette en état de soutenir les charges du mariage (2).

602. — La vente d'un immeuble, appartenant à un interdit, peut être autorisée pour l'établissement de l'un de ses enfants, même autrement que par mariage, par exemple pour l'acquisition d'une étude de notaire, lorsqu'il résulte des renseignements fournis par le conseil de famille que la vente, sans nuire aux intérêts du père interdit, ni à ceux des autres enfants, doit être évidemment très avantageuse à l'enfant en faveur duquel elle est faite (3). Seulement dans ce cas, le conseil de famille ne pourrait pas faire la constitution de dot *par préciput*, en dispensant du rapport l'enfant bénéficiaire (4).

603. — Si l'enfant de l'interdit est majeur, il règle lui-même ses conventions matrimoniales ; s'il est mineur, il les règle avec l'assistance, soit des ascendants en état de consentir au mariage, soit, à défaut d'ascendants, de son propre conseil de famille.

604. — Quant au conseil de famille de l'ascendant

(1) VALETTE, *Expl. somm.*, p. 362. — DEMOLOMBE, 8. — (2) Bordeaux, 6 juin 1842. — (3) Amiens, 6 août 1824. — (4) C. civ., art. 843.

interdit, il est partie dans le contrat de mariage à la place de cet ascendant, en qualité de *donateur* (1).

605. — 2° *Le Code civil* (2) *défend au tuteur :*

a) D'acheter les biens de l'interdit;

b) De les prendre à ferme, à moins que le conseil de famille n'ait autorisé le subrogé tuteur à lui passer bail ;

c) D'accepter la cession d'aucun droit ou créance contre l'interdit.

OBLIGATIONS DU TUTEUR ENTRANT EN FONCTIONS.

606. — 1° Faire nommer un subrogé tuteur.

2° Faire déterminer les dépenses de la tutelle. Mais nous venons de voir que la *capitalisation* des revenus ne passe qu'après l'amélioration du sort de l'interdit.

3° Faire déterminer, s'il y a lieu, le montant des sommes à placer (3). Sous sa responsabilité ;

4° Recevoir le *compte de l'administrateur provisoire*, s'il en a été nommé un.

GESTION DU TUTEUR

607. — Le tuteur, autre que le conjoint de l'interdit, doit se conformer pour sa *gestion*, aux règles de la *tutelle ordinaire*.

608. — Quand la tutelle d'un interdit est confiée à sa *femme*, le conseil de famille doit, ainsi que nous l'avons vu, régler la forme et les conditions de l'administration, sauf le recours devant les tribunaux, si elle se croit lésée par l'arrêté de la famille.

(1) DEMOLOMBE, 8. — C. civ., art. 1396. — (2) C. civ., art. 450, *suprà*. — (3) C. civ., art. 451, 454, 455, 456.

609. — Lorsque le conseil n'a pas cru devoir régler l'administration de la mère tutrice, celle-ci a implicite-ment l'autorisation générale d'administrer tout à la fois ses propres biens, les biens de la communauté et même les biens personnels du mari ; mais elle ne peut, sans excéder ses pouvoirs, faire des actes autres que ceux d'une simple administration.

610. — La puissance maritale n'étant pas détruite, il en résulte que si la femme tutrice veut aliéner ses biens propres, elle est obligée d'avoir recours à *l'auto-risation de la justice*, et que si les biens qu'elle veut aliéner appartiennent à son conjoint, elle doit remplir toutes les formalités voulues par la loi pour l'aliénation des biens des mineurs (1).

611. — Quant à l'aliénation des biens *communs* et des biens *personnels du mari*, elle doit se conformer aux mêmes obligations légales.

612. — Quoique le mari *ne soit pas tuteur* de sa femme interdite, il n'en est pas moins dans l'obligation de veiller à la conservation des droits de cette dernière, et ne peut dès lors se prévaloir de l'extinction de ces droits arrivés par sa négligence (2).

613. — La femme qui *n'a pas été nommée tutrice* de son mari interdit, n'a aucun droit à l'administration des biens de la communauté, cette gestion appartenant au tuteur (3).

Par suite, elle ne peut pas exercer les actions de la communauté (4).

(1) C. civ., art. 457 et suiv. — (2) Cass. 22 février 1841. — (3) Orléans, 9 août 1817. — (4) Rennes, 3 février 1819. — *Cf.* Bruxelles, 11 floréal, an XIII.

614. — En ce qui touche les *enfants* de l'interdit, le droit de les surveiller et de les faire élever appartient à la mère, même dans le cas où elle n'a pas été nommée tutrice de son mari (1).

615. — Ces observations générales faites, nous allons, comme pour la tutelle ordinaire, énumérer rapidement les différents actes que le tuteur peut faire *seul*, ou avec *l'association obligatoire* du conseil de famille, ou ceux qui lui sont absolument *interdits*.

616. — 1° *Actes qu'il a le droit de faire seul.*

1° Vendre les meubles corporels de l'interdit en présence du subrogé tuteur, aux enchères et après affiches ou publications ;

2° Vendre à l'amiable certains meubles incorporels (inscription directe sur l'Etat au dessous de cinquante francs (2) plusieurs actions ou un droit dans plusieurs actions de la Banque de France n'excédant pas *une* action entière (3) au cours du jour légalement constaté) ;

3° Vente à l'amiable d'autres meubles incorporels, créances, actions industrielles, propriétés littéraires ou industrielles, offices publics ;

4° Passer des baux n'excédant pas une durée de neuf ans ;

5° Effectuer à sa guise, *sous sa responsabilité*, le placement des capitaux de l'interdit ;

6° Payer les dettes de l'interdit ;

7° Recevoir le paiement de tout ce qui est dû à l'interdit ;

8° Intenter les actions mobilières (à l'exception de l'action en partage s'appliquant à une succession pure-

(1) Cass. 27 novembre 1816. — Orléans, 9 août 1317. — (2) Loi du 24 mars 1806. — (3) Loi de 25 septembre 1813.

ment mobilière) qui appartiennent à l'interdit — et suivant l'opinion générale même les actions possessoires immobilières ;

9° Défendre aux actions immobilières et à l'action en partage ;

617. — *2° Actes pour lesquels l'autorisation du conseil de famille est nécessaire mais suffisante :*

1° Accepter une succession échue à l'interdit (1).

2° Répudier une succession échue à l'interdit (2);

3° Accepter une donation offerte à l'interdit (3);

4° Introduire en justice une action immobilière appartenant à l'interdit, et acquiescer à une action de même sorte dirigée contre lui (4);

5° Introduire une action en partage appartenant à l'interdit (5).

6° Aliéner une inscription de rente sur l'Etat de plus de cinquante francs ou plus d'une action de la Banque de France faisant partie du patrimoine de l'interdit (6).

618. — *3° Actes pour lesquels l'autorisation du conseil de famille et l'homologation du tribunal sont nécessaires.*

Ces actes sont :
1° L'emprunt (7);
2° L'aliénation des immeubles de l'interdit (8);
3° L'hypothèque (9) ;
4° La transaction (10). Mais comme ce dernier acte est fort grave, car il entraîne des sacrifices, la loi exige de

(1) C. civ., art. 461, *suprà*. — (2) C. civ., art. 461, 462. — (3) Art. 463. — (4) Art. 464. — (5) Art. 465. — (6) L. 24 mars 1806 et D. 25 septembre 1813. — (7) C. civ., art. 457-458. — (8) Art. 457-460. — (9) Art. 457-458. — (10) Art. 467.

plus *l'avis conforme de trois jurisconsultes désignés par le procureur de la République.*

619 — *4° Actes interdits au tuteur.*

1° L'achat des biens de l'interdit ;

2° La prise en ferme ou à loyer des mêmes biens ;

3° L'acceptation de la cession d'aucun droit ou créance contre l'interdit (1).

Il y a lieu d'*ajouter :*

4° La donation ;

5° Le compromis.

FIN DE LA TUTELLE DES INTERDITS.

620. — La tutelle des interdits *cesse*, en général, de toutes les manières qui mettent fin à la tutelle des mineurs ; la main-levée de l'interdiction y remplace la majorité et l'émancipation.

621. — Elle a aussi un *mode propre* d'extinction, de la part du tuteur (conjoint, ascendant ou descendant) après un laps de dix ans. La raison de cette disposition est facile à comprendre ; on ne peut imposer la charge d'une tutelle *indéfiniment prolongée* aux personnes que les devoirs de la famille n'obligent pas envers l'interdit. Ce n'est pas la cessation de la tutelle, mais le remplacement du tuteur, non proche parent, exonoré, s'il le demande.

622. — La tutelle finit donc *du chef du tuteur :*

1° Par la mort du tuteur ;

2° Pour son exclusion ou destitution ;

3° Par sa démission acceptée ;

4° Par suite de son absence ;

_____

(1) Art. 450.

5° Par le laps de dix ans, pour certains tuteurs seulement.

623. — Dans ces différentes hypothèses, la tutelle
à proprement parler, *ne cesse pas*, le tuteur seul
change.

Il y a alors lieu à un compte de tutelle rendu, soit par
le tuteur sortant, soit par ses héritiers, selon les cas ; il
est reçu par le tuteur nouveau en présence du subrogé
tuteur.

624. — Le dernier tuteur doit en effet embrasser
dans le compte *définilif* l'entière administration de la
tutelle.

625. — Or la tutelle *finit* du chef de l'interdit :

1° Par sa mort ;
2° Par la main-levée de l'interdiction.

626. — L'interdiction cesse avec les causes qui
l'ont déterminée : néanmoins la main-levée ne sera
prononcée qu'en observant les formalités prescrites
pour parvenir à l'interdiction, et l'interdit ne
pourra reprendre l'exercice de ses droits qu'après
le jugement de main-levée.

(Code civil, art. 512).

Un *jugement de main-levée* est nécessaire pour amener la cessation de l'interdiction.

Ce jugement peut être provoqué par l'interdit, et, ce
semble aussi par le tuteur, par le subrogé tuteur ou par
l'un des parents de l'interdit (1).

______

(1) DEMOLOMBE, 8.

627. — La Cour suprême a jugé que *le conseil de famille et le ministère public sont les véritables contradicteurs sur cette demande et les seuls qui soient nécessaires aux termes de la loi* (1).

Cette décision implique que l'interdit *n'a pas besoin de se donner un contradicteur*.

On professe, néanmoins (2) que régulièrement la demande doit être formée contre le tuteur.

Le tribunal *compétent* est celui dans le ressort duquel siège le conseil de famille et que VALETTE appelait *le domicile de la tutelle*.

628. — C'est à l'ex-interdit, principal intéressé, de prouver aux tiers, son retour à la capacité, en leur présentant, dans l'occasion, le jugement de main-levée, car la loi ne renvoyant qu'aux formes prescrites pour obtenir l'interdiction, *il ne paraît pas que le jugement de main-levée doive être rendu public* par affiches au prétoire et chez les notaires de l'arrondissement.

MALADES TRAITÉS DANS UNE MAISON DE SANTÉ OU DANS UN HOSPICE D'ALIÉNÉS.

629. — La théorie du Code civil de 1807 sur les personnes *aliénées* présentait plusieurs inconvénients.

Quel parti prendre vis-à-vis d'un dément ou d'un furieux ? La loi n'en offrait qu'un, *l'interdiction*. Or ce moyen paraît trop extrème pour qu'on l'emploie toujours. Les familles hésitaient, soit parce qu'elles craignaient d'aggraver la position de leur parent en le faisant passer par toutes les enquêtes, les interrogatoires les procédures en un mot, de *l'interdiction,* soit parce qu'il leur répugnait de révéler au public l'existence

---

(1) Cass. 13 février 1816. — *Sic*, VALETTE, *Expl. somm.* —
(2) DEMOLOMBE, 8.

d'une infirmité qui, par sa nature, réfléchît contre chacun des membres de la famille dans laquelle il se rencontre.

Elles préféraient alors placer leur parent dans une *maison de santé* ou d'*aliénés* ; souvent même, et dans l'espoir de sa guérison, elles désiraient l'y placer *après son interdiction*. Mais comment l'y conduire et surtout comment l'y retenir malgré lui ? Le principe tutélaire de la *Liberté individuelle* s'y opposait.

On le faisait cependant. La loi était tournée sans doute, puisqu'on tenait renfermées malgré elles, *sans aucune procédure ni jugement*, les personnes qu'on plaçait dans les maisons d'aliénés; mais cet usage était si éminemment utile, que l'autorité avait cru devoir le tolérer.

630. — La *loi du 30 juin 1838* a mis fin à ces illégalités. Elle s'est proposé un double but :

A. — Faire intervenir la société dans les soins dus à la personne de l'aliéné, *interdit ou non*, et empêcher en même temps les atteintes de la liberté individuelle et les séquestrations arbitraires sous prétexte d'aliénation mentale ;.

B. — Créer, en dehors dès lenteurs et de l'état de la procédure en interdicition, une situation intermédiaire entre l'état de pleine capacité de l'individu non interdit et l'état d'incapacité de l'individu interdit.

631. — Le premier but cherché relève d'une haute pensée sociale.

L'aliéné n'a pas seulement droit à la protection qui suppose un patrimoine, et qui est sans valeur comme sans objet lorsqu'il s'agit de l'indigence; il a droit à la protection qui aide ou remplace la famille pour les soins de la personne.

A ce premier point de vue qui appartient au *droit politique*, la loi du 30 juin 1838 a décrété les dispositions suivantes :

1° *Chaque département* est tenu d'avoir un établissement public spécialement destiné à recevoir et à soigner les aliénés, ou de traiter avec un établissement privé. soit de ce département soit d'un autre département (1).

2° Tout aliéné, même non dangereux, doit être *admis* dans l'établissement aux conditions et suivant les formes réglées par le *Conseil général*, sur la proposition du préfet et approuvées par le ministre de l'intérieur ;

3° Le préfet et les personnes spécialement désignées à cet effet par lui ou par le ministre de l'intérieur, le président du tribunal, le procureur de la République, le juge de paix, le maire de la commune, sont chargés de visiter les établissements publics et privés consacrés aux aliénés (2).

Les procureurs de la République, sont spécialement chargés de visiter les établissements *privés* une fois au moins par trimestre, et les établissements *publics* une fois au moins par semestre.

D'autres mesures applicables à l'*admission* ont spécialement pour but de prévenir les atteintes portées à la liberté individuelle.

La loi du 30 juin 1838 *est bien imparfaite.* Mais elle renferme le *germe* d'une grande institution, elle dérive d'une idée profondément humaine ; tous se doivent à celui que sa faiblesse met à la merci des autres ; dette juridique par excellence, dette qui doit être sanctionnée par l'action et qui n'est pas du ressort de la conscience.

632. — B. — Le second but de la loi du 30 juin 1838

______

(1) Loi du 30 juin 1838, art. 1. — (2) Loi 1838, art. 4.

qui appartient au *droit civil* et doit nous occuper dans cette étude, concerne :

1° L'*état* de l'aliéné placé dans un établissement ;

2° L'*administration* de la personne de l'aliéné et de ses biens.

633. — 1° *Etat de l'aliéné.*

Les actes faits par une personne placée dans un établissement d'aliénés, pendant le temps qu'elle y aura été retenue, sans que son interdiction ait été prononcée ni provoquée, pourront être attaqués pour cause de démence, conformément à l'article 1304 du Code civil.

Les dix ans de l'action en nullité courront, à l'égard de la personne retenue qui aura souvent des actes à dater de la signification qui lui en aura été faite, ou de la connaissance qu'elle en aura eue après sa sortie définitive de la maison d'aliénés.

Et, à l'égard de ses héritiers à dater de la signification qui leur en aura été faite, ou de la connaissance qu'ils en auront eue, depuis la mort de leur auteur.

Lorsque les dix ans auront commencé de courir contre celui-ci, ils continueront de courir contre les héritiers.

(*Loi du 30 juin 1838*, art. 39.)

634. — L'*état* de la personne placée dans un établissement d'aliénés est réglé *conformément au droit commun* lorsqu'elle est déjà *interdite* ou lorsqu'elle est *mineure.* Nous avons déjà étudié cette question juridique.

Mais, si elle est *majeure* et *non interdite*, sa condition bien qu'elle ait quelque analogie avec celle des *interdits ordinaires*, en diffère cependant sous plusieurs rapports.

635. — Remarquons d'abord que cet article 39 de la loi du 30 juin 1838, ne s'applique qu'aux actes faits *pendant la séquestration* et non aux actes *antérieurs* qui restent soumis à l'application du droit commun (1).

Le législateur ne distingue pas si l'aliéné a été placé dans un établissement public ou dans un établissement privé; — s'il a été pourvu ou non, d'un administrateur provisoire ou d'un curateur ; — s'il a été placé par sa famille dans l'établissement ou par les soins de l'autorité.

Il ne distingue pas non plus entre les actes qui portent avec eux la preuve évidente de la démence et ceux qui n'ont point ce stigmate, mais qui causeraient seulement un préjudice à l'aliéné.

Cet article 39 déroge à la fois aux articles 503 et 504 du Code civil.

Il déroge à l'article 503, en ce qu'il n'exige pas pour que l'acte de l'interdit soit annulable :

1° Que l'interdiction soit suivie ;
2° Que la démence était notoire au temps de l'acte.

Il déroge à l'article 504 en ce que les actes faits par une personne retenue dans un établissement d'aliénés, peuvent être annulés après sa mort pour cause de démence.

Lors même que son interdiction n'a été ni prononcée ni provoquée, et quoique la preuve de la démence ne résulte pas de l'acte qui est attaqué (2).

(1) V. *suprà* les articles 503 et 504 du Code civil. — (2) V\ALETTE, *Explic. sommaire*, p. 391; — DEMOLOMBE, 8.

636. — La loi du 30 juin 1838 soumet l'action en nullité à l'article 1304, mais en même temps elle y apporte une modification importante :

Dans tous les cas où l'action en nullité ou en rescision d'une convention n'est pas limitée à un moindre temps par une loi particulière, cette action dure dix ans.... Ce temps ne court, à l'égard des actes faits par les interdits que du jour où l'interdiction est levée...

(Code civil, art. 1304).

Ou si l'interdit meurt en état d'interdiction à partir de sa mort.

La loi du 30 juin 1838 ne fait courir les dix ans qu'à partir de la signification faite, soit à l'aliéné après sa sortie définitive de l'établissement, soit à ses héritiers après son décès, à moins cependant que l'aliéné ou ses héritiers n'aient eu connaissance de l'acte par une autre voie que par la signification.

Si l'acte consenti par un aliéné pendant la séquestration, alors même qu'il ne porterait aucun indice de démence, est *préjudiciable* à l'aliéné, et si l'existence de la démence à l'époque où il a été passé est alléguée, l'annulation pourra être obtenue moyennant la preuve du défaut de consentement (1).

La présomption de *mauvaise foi* ne s'élève pas nécessairement contre le tiers qui a contracté avec l'aliéné; celui-ci ne serait donc restituable que si la mauvaise foi était établie contre le premier.

637. — Cette nullité est relative, et ne peut être invoquée par les personnes capables qui ont traité avec l'aliéné.

____

(1) DALLOZ, *Jurispr. gén*, 286.

Du rapprochement de l'article 1304 avec notre article 39 il résulte que la loi du 30 juin 1838 a accepté non-seulement le délai de dix ans pour l'exercice de l'action en nullité, mais encore les *exceptions* qui suspendent le cours du délai, telles que la violence, le dol, l'erreur, l'interdiction.

638. — L'aliéné majeur, non interdit, placé dans un établissement public ou privé n'est pas d'ailleurs sous le coup d'une présomption générale d'incapacité, et à plus forte raison d'une présomption qui n'admettrait pas la preuve contraire ; la question de la validité des actes faits par lui, dans un intervalle lucide ne peut donc pas même être posée. C'est toujours aux tribunaux qu'il appartient, en pareil cas, de décider *en fait* si la personne est apte à exercer ses droits.

639. — 2° *Administration de la personne de l'aliéné et de ses biens.*

Lorsque l'aliéné *non interdit* est placé dans un établissement public.

Les commissions administratives ou de surveillance des hospices ou établissements publics d'aliénés exerceront à l'égard des personnes non interdites qui y seront placées les fonctions d'administrateurs provisoires. Elles désigneront un de leurs membres pour les remplir ; l'administrateur ainsi désigné, procédera au recouvrement des sommes dues à la personne placée dans l'établissement et à l'acquittement de ses dettes, passera des baux qui ne pourront excéder trois ans et pourra même, en vertu d'une autorisation spéciale accordée par le président du tribunal civil, faire vendre le mobilier.

Les sommes provenant, soit de la vente, soit des autres recouvrements, seront versées directement dans la caisse de l'établissement, et seront employées, s'il y a lieu, au profit de la personne placée dans l'établissement.

Le cautionnement du receveur sera affecté à la garantie des dits deniers, par privilége aux créanciers de toute autre nature.

Néanmoins, les parents, l'époux ou l'épouse des personnes placées dans des établissements d'aliénés dirigés ou surveillés par des commissions administratives, ces commissions elles-mêmes, ainsi que le procureur de la République pourront toujours recourir aux dispositions des articles suivants.

(Loi du 30 juin 1838, art. 31.)

640. — Il y a lieu *d'excepter* de cette administration provisoire l'interdit, le mineur non émancipé, pourvu d'un tuteur, placé dans un établissement public.

641. — Nota. — Lorsque des *enfants trouvés* tombent en état d'aliénation mentale, et sont placés dans un établissement *public* d'aliénés ou dans un hospice, autre que celui où ils sont élevés, leur *tutelle* passe à la commission administrative de ce dernier hospice ou de l'établissement d'aliénés. Mais s'ils étaient envoyés dans un établissement *privé*, la commission de l'hospice auquel ils appartiennent, conserverait la tutelle.

642. — Le pouvoir de *transiger* n'appartient ni à l'administrateur provisoire des biens d'un individu *non interdit*, placé dans un établissement d'aliénés, ni au mandataire spécial chargé de présenter cet individu en justice (1).

643. — S'agit-il d'établissements *privés ?*

Sur la demande des parents de l'époux ou de l'épouse, sur celle de la commission administrative ou sur la provocation d'office du procureur de la République, le tribunal civil du lieu du domicile pourra, conformément à l'article 495 du Code civil, nommer, en Chambre du conseil, un administrateur provisoire aux biens de toute personne non interdite placée dans un établissement d'aliénés. Cette nomination n'aura lieu qu'après délibération du conseil de famille, et sur les conclusions du procureur de la République. Elle ne sera pas sujette à l'appel.

(Loi 1838, art. 32.)

Le tribunal sur la demande de l'administrateur provisoire, ou à la diligence du procureur de la République, désignera un mandataire spécial à l'effet de représenter en justice, tout individu non interdit placé ou retenu dans un établissement d'aliénés, qui serait engagé dans une contestation judiciaire au moment du placement, ou contre lequel une action serait intentée postérieurement.

(1) Metz, 8 décembre 1868.

Le tribunal pourra aussi, dans le cas d'urgence, désigner un mandataire spécial à l'effet d'intenter, au nom des mêmes individus une action mobilière ou immobilière. L'administrateur provisoire pourra, dans les deux cas, être désigné pour mandataire spécial.

(Loi 1838, art. 33.)

644. — La nomination d'un *mandataire spécial* a lieu toutes les fois que l'aliéné est actionné ou agit en justice c'est-à-dire doit ester devant une juridiction, quelle qu'elle soit, civile, administrative ou arbitrale. Cependant par exception :

...... S'il y a contestation sur l'obligation de fournir des aliments ou sur leur quotité, il sera statué par le tribunal compétent, à la seule diligence de l'administrateur provisoire...

(Loi 1838, art. 27.)

645. — Le tribunal du *domicile* de la personne détenue dans un établissement privé est seul *compétent* pour nommer le mandataire spécial chargé de la représenter en justice (1).

Le mandataire nommé peut *refuser* cet emploi auquel un *salaire* pourrait être affecté par le tribunal.

646. — Nota. — Si l'aliéné avait un tuteur, soit comme mineur, soit comme interdit il n'est jamais question ni d'un administrateur provisoire, ni d'un mandataire spécial.

(1) Cass. 4 mai 1870.

647. — Les dispositions du Code civil, sur les causes qui dispensent de la tutelle, sur les incapacités, les exclusions ou les destitutions des tuteurs, sont applicables aux administrateurs provisoires nommés par le tribunal.

Sur la demande des parties interessées, ou sur celle du procureur de la République, le jugement qui nomme l'administrateur provisoire pourra en même temps constituer sur ses biens une hypothèque générale ou spéciale, jusqu'à concurrence d'une somme déterminée par ledit jugement.

Le procureur de la République devra, dans le délai de quinzaine, faire inscrire cette hypothèque au bureau de la conservation ; elle ne datera que du jour de l'inscription.

(Loi 1838, art. 34.)

648. — Il s'ensuit que les fonctions d'administrateur provisoire sont *forcées* et *gratuites*. Rappelons ici que l'*interdit a un tuteur et un subrogé tuteur* nommés par le conseil de famille pour administrer son patrimoine tandis que ce rôle est pour les biens de l'aliéné non interdit rempli par un *administrateur provisoire*.

649. — Le tuteur doit, tout à la fois, administrer les biens et prendre soin de la personne de l'interdit. Quant à l'*aliéné*, ces fonctions sont toujours divisées: à l'héritier présomptif la gestion des *biens*, à la conservation desquels il a grand intérêt, tandis que la *personne* est confiée à un *curateur spécial choisi en dehors de ses héritiers présomptifs*. On devine le motif de cette prévoyante exclusion.

650. — L'interdit a une *hypothèque générale* et dispensée d'inscription sur tous les immeubles présents et à venir de son tuteur. L'aliéné, en principe, n'a point d'hypothèque sur les biens de l'administrateur provisoire. Toutefois le tribunal *peut*, en nommant l'administrateur, constituer sur ses biens une hypothèque générale ou spéciale jusqu'à concurrence d'une somme qu'il détermine. Cette hypothèque doit être à la requête du procureur de la République, inscrite dans le délai de quinzaine et ne date que du jour de l'inscription. Si le procureur négligeait cette inscription, les parents et amis de l'aliéné auraient qualité pour la requérir.

651. — Le tuteur peut faire tous les actes qui intéressent l'interdit, non seulement les *actes d'administration*, mais encore, pourvu qu'il soit dûment autorisé à cet effet, les *actes de disposition*, tels que l'aliénation des immeubles, les emprunts, les constitutions d'hypothèques, les acceptations de succession.

L'administrateur provisoire, au contraire, ne peut faire que les actes d'administration. S'agit-il d'aliéner un immeuble, d'emprunter, de constituer une hypothèque, aucun de ces actes n'est possible: personne, ne peut recevoir qualité pour les faire au nom de l'aliéné. S'ils sont absolument indispensables, il faut de toute nécessité *faire interdire* l'aliéné et lui donner un tuteur.

652. — Dans le cas où un administrateur provisoire aura été nommé par jugement, les significations à faire à la personne placée dans un établissement d'aliénés, seront faites à cet administrateur.

Les significations faites au domicile pourront, suivant les circonstances, être annulées par les tribunaux.

Il n'est point dérogé aux dispositions de l'article 173 du Code de commerce (1).

(Loi 1838, art. 35.)

A défaut d'administrateur provisoire, le président, à la requête de la partie la plus diligente, commettra un notaire pour représenter les personnes non interdites placés dans les établissements d'aliénés dans les inventaires, comptes, liquidations et partages, dans lesquels elles seraient intéressées.

(Loi 1838, art. 36.)

Les pouvoirs conférés en vertu des articles précédents cessent de plein droit dès que la personne placée dans un établissement d'aliénés n'y est plus retenue.

Les pouvoirs conférés par le tribunal en vertu de l'article 32 cesseront de plein droit à l'expiration d'un délai de trois ans (2) ; ils pourront être renouvelés.

Cette disposition n'est pas applicable aux administrateurs provisoires qui seront donnés aux personnes entretenues par l'administration dans des établissements privés.

(Loi 1838, art. 37.)

---

(1) Relativement aux *protêts* seulement, mais non aux dénonciations de protêts ou autres actes. — (2) Le tuteur d'un interdit ne peut se faire décharger qu'après dix ans.

2° DE L'INTERDICTION LÉGALE.

653. — Nous avons expliqué plus haut l'interdiction *judiciaire*, il nous reste à dire quelques mots de l'interdiction *légale*.

Quiconque aura été condamné à la peine des travaux forcés à temps, de la détention ou de la réclusion, sera, de plus, pendant la durée de sa peine, en état d'interdiction légale : il lui sera nommé un subrogé tuteur ou tuteur pour gérer et administrer ses biens, dans les formes prescrites pour les nominations des tuteurs et subrogés tuteurs aux interdits (1).

(*Code pénal*, art. 29.)

654. — De même que l'interdit *judiciaire*, l'interdit *légal* est privé, non pas de la *jouissance*, mais seulement de l'exercice de ses droits civils.

655. — L'incapacité résultant de l'interdiction *judiciaire* a son fondement dans le *défaut de raison* de l'interdit : on lui retire l'*exercice* de ses droits civils, parce qu'il est réputé n'être pas sain d'esprit : on les lui retire, parce que l'usage qu'il en ferait tournerait contre lui-même et contre sa famille. Ce n'est pas *contre lui*, c'est *pour lui*, dans son intérêt et pour le protéger qu'on l'interdit. D'où cette double conséquence :

____

(1) Loi du 31 mai 1854. — Art. 1er. La mort civile est abolie. — Art. 2. La condamnation à des peines afflictives perpétuelles emportent la dégradation civique et *l'interdiction légale* établies par les articles 28, 29 et 31 du Code pénal.

1° Son incapacité est *générale :* elle s'applique à tous les actes qu'il pourrait faire valablement s'il était sain d'esprit. Ainsi, il ne peut ni administrer ses biens, ni s'obliger, ni donner, ni tester, ni se marier...

2° La nullité des actes qu'il fait est uniquement établie dans son intérêt ; elle est donc *relative.* Ainsi, elle ne peut être demandée que par lui ou par ses représentants. Les tiers qui ont contracté avec lui, subissent le parti qu'il lui plaît de prendre, la nullité du contrat, s'il la requiert, le maintien du contrat s'il le ratifie.

656. — L'incapacité résultant de l'interdiction légale n'a plus le même fondement. Le condamné, en effet, jouit de la plénitude de sa raison ; *en fait* il est pleinement capable. Son incapacité est donc purement *civile.* On lui retire *l'exercice* de ses droits afin qu'il ne puisse pas trouver, *dans la disposition de ses biens,* les moyens de se procurer des ressources qui pourraient faciliter son évasion ou sa contumace... L'incapacité dont il est atteint est établie, non *pour* mais *contre* lui.

657. — Dans le silence de la loi pénale à l'égard des effets de l'interdiction légale, il est naturel, il est nécessaire de nous reporter, pour déterminer les résultats de l'interdiction légale, aux règles tracées par le Code civil, sur l'interdiction *judiciaire,* les mêmes incapacités dont l'interdit judiciairement se trouve atteint par les articles 502 et 509 du Code civil, ces mêmes incapacités devant frapper, à ce qu'il semble, l'interdit légalement aux termes du Code pénal. La même nullité, agissant par les mêmes principes, atteindra les actes passés par l'un et par l'autre pendant la durée de l'interdiction.

658. — Nous n'admettrons même pas à cet égard une *distinction fort en faveur* dans la jurisprudence (1)

(1) Colmar 1ᵉʳ avril 1846 (Reicht) S.-V, 46, 2, 625 ; D. p. 46, 2, 145 ; P. 46, 2, 579. — Nîmes, 16 juin 1835 (Ledoux), S.-V. 35, 2, 485.

entre les actes entre vifs et les actes *testamentaires.*
Elle se fonde sur ce que l'interdit légal en testant ne
peut se procurer aucune ressource pécuniaire, et sur ce
que le testament ne crée pour les légataires qu'une simple *espérance*, qui peut être détruite au gré du testateur. Nous ne nous rangerons cependant pas de cet
avis ; car rien dans l'article 29 du Code pénal ne peut autoriser cette distinction. L'interdiction légale, c'est la
suspension, la privation temporaire de l'exercice de
tous les droits : ainsi le voulait l'article 2 du titre IV du
Code de 1791 ; notre Code n'a fait que reproduire ses ex-
pressions et ses principes ; nous ne comprendrions pas
pourquoi l'interdit légalement serait à cet égard *plus*
favorisé que l'interdit judiciairement. Au reste, en appliquant le texte à la lettre, en prononçant d'après ce
texte la nullité du *testament* de l'interdit légalement, il est
bien entendu que cette nullité ne s'applique qu'au
testatement qu'il aurait fait pendant la durée de sa peine,
car il n'a perdu momentanément que le droit de *faire* son
testament et non pas le droit d'en avoir un. En un mot
nous estimons que sa position doit être à tous égards la
position et l'état de l'interdit judiciairement.

659. — La nullité des actes que l'interdit légalement fait en prohibition de la loi, étant d'ordre public,
est *absolue* en ce sens qu'elle peut être invoquée, non
seulement par lui ou par ses représentants, mais encore
par les tiers qui ont traité avec lui, sans qu'il y ait
même à distinguer s'ils ont ou non connu son interdiction : car le but que s'est proposé le législateur est
d'autant plus sûrement atteint que la nullité de l'acte est
plus certaine.

660. — Nous avons vu dans l'article 508 du Code civil
qu'en général nul n'est tenu de garder la tutelle d'un interdit judiciaire pendant plus de *dix ans*. Il nous sem-

ble que cette disposition législative doit s'appliquer à l'interdit légalement dont l'interdiction, comme la peine, peut en certains cas aller au-delà de dix ans.

661. — Remarquons, en sens inverse, que parmi les articles de l'interdiction au Code civil, il en est quelques-uns d'*inapplicables*, par la nature même des choses, à l'interdiction légale : tels sont les articles 503 et 504 du Code civil qui se rapportent évidemment à la seule *démence*. Même observation pour l'article 510 relatif à l'emploi qui doit être fait des revenus de l'interdit, revenus qui doivent être, avant tout, destinés à améliorer son sort et à accélérer sa guérison. Cet article ne peut recevoir la moindre application à l'interdit légalement, car :

Pendant la durée de la peine, il ne pourra lui être remis aucune somme, aucune provision, aucune portion de ses revenus.

(Code pénal, art. 31.)

662. — Il nous reste à examiner un point fort important : celui de savoir à quelle *nature de condamnations* l'interdiction légale doit être précisément attachée, non pas à quelles *peines*, l'article 29 répond clairement à la question, ce sont les trois dernières peines afflictives et infamantes *temporaires* de l'article 3 du Code pénal et toutes les peines afflictives, perpétuelles, depuis l'abolition de la mort civile (L. 31 mai 1854). Mais si l'interdiction légale résulte indifféremment, soit d'une condamnation *contradictoire*, soit aussi d'une condamnation *par contumace*?

663. — A l'égard des condamnations *contradictoires*, il n'y a aucune difficulté, soit que le condamné subisse réellement sa peine ou qu'il s'y soit dérobé par la fuite, par cela seul que la condamnation est contradic· toire, définitive, inattaquable, l'état d'interdiction légale pèse sur le condamné détenu ou fugitif sans aucune es· pèce de distinction.

664. — Quant à l'individu condamné *par contumace* il n'y aura pas lieu à la nomination d'un tuteur ou d'un subrogé tuteur pour qu'il n'y ait pas d'interdiction légale (1) : mais ses *biens* seront administrés et régis par l'administration des domaines à partir de l'exécution par effigie de l'arrêt comme *biens-d'absent* (2) ; cette administration percevra les fruits à la charge de les restituer, soit au contumax alors qu'il reparaîtra, soit à ses héritiers présomptifs s'il ne reparaît pas dans le délai de vingt ans (3), prescrit pour purger la contumace.

665. — Quant aux *actes* faits par le contumax, tant que durera le séquestre, puisqu'il n'y a pas d'interdiction, mais une *curatelle administrative*, ces actes seront valables, mais seulement en tant qu'ils ne portent pas atteinte au séquestre, c'est-à-dire qu'ils auront tout leur effet *contre* lui après son retour ou après l'expiration du délai pour purger la contumace.

Comme on le voit, tandis que dans l'interdiction judiciaire, on commence quelquefois par nommer un *administrateur provisoire* au dément, avant de nommer un tuteur et un subrogé tuteur (art. 497, 505 C. civ.), on doit donner tout de suite un tuteur et un subrogé tuteur

(1) *Sic* DEMOLOMBE, 1; — HUMBERT; — VALETTE; — DEMANTE, *Revue critique*, 10 ; — BOITARD, *Leçons sur le C. pénal* ; — AUBRY et RAU, 1, § 85 ; — BLANCHE, *Etude sur le C. pénal*, nᵒˢ 146 et 149.— Dans le sens contraire, BERTAULD, *Revue pratique*, t. 3 et 5. — (2) C. d'inst. crim., art. 471. — (3) C. d'inst. crim., art. 635.

à l'interdit légal. Cette mission incombe au *conseil de famille*.

Ce conseil sera composé de parents, alliés ou amis de l'interdit, pris moitié dans chaque ligne, convoqués et présidés par le juge de paix, mais dont la mère, veuve ou non, fera partie.

Si l'interdit légal est encore *mineur*, et déjà placé sous une tutelle, nous suivrons l'opinion de MM. Massé et Vergé (1, p. 468, note 6), qui sont d'avis qu'elle doit *continuer* telle qu'elle se comportait lors de la condamnation définitive.

Ajoutons en terminant, que le tuteur de l'interdit légal doit toujours (art 29, C. pén.) être *datif*.

TROISIÈME PARTIE

DES CONSEILS DE FAMILLE

TROISIÈME PARTIE

Des Conseils de Famille.

666. — Les *conseils de famille* étaient inusités en droit *Romain*, soit pour la nomination du tuteur, soit pour son administration.

Lorsque le tuteur n'était pas élu par le père, il l'était par le magistrat, ou bien la tutelle appartenait au parent le plus proche; mais le *juge* nommait ou ratifiait sans consulter les parents; sauf à prendre gracieusement leur avis dans certains cas difficiles (1) ou délicats.

667. — Plus tard, sans connaître l'époque, l'usage s'introduisit peu à peu de cette consultation familiale. Elle a dù subir de nombreuses modifications avant de devenir obligatoire et d'être assujettie à des règles certaines. Son origine dérive probablement du droit *coutumier*.

668. — Dans les pays de droit *écrit*, l'avis de la famille eut des racines moins profondes, et ne fut pas appliqué à la nomination du tuteur, qui dépendait du père, ou, s'il était *datif*, appartenait uniquement au magistrat.

----

(1) Domat, *Lois civiles*, L. 2, t. 1, sect. 2.

669. — Dans les pays coutumiers où la tutelle était ordinairement *dative*, cette habitude amena celle de l'*avis des parents* (1). Mais la composition des conseils de famille n'était pas tellement arrêtée pour la coutume qu'elle ne dût, plus tard, être réglementée par des édits. Ainsi l'article 485 de la *coutume de Bretagne* portait seulement : « Qu'en procédant à la création des tuteurs ou curateurs de mineurs, serait par même moyen (en justice) *en la présence et par l'avis des parents assemblés*, délibéré sur l'éducation et entretènement desdits mineurs, tant pour l'instruction au fait des armes, lettres, qu'autres professions, selon leur qualité et quantité des biens desdits mineurs » ; mais un édit royal de décembre 1732 décréta que le *nombre* des parents serait de douze, six dans chaque ligne.

Un édit du 7 mars 1673 en décidait de même pour la *coutume de Normandie.*

Dans la *coutume du Nivernais* le conseil de famille était composé de sept parents ; de six dans celle de Berry ; et dans celle d'Orléans de cinq.

670. — Mais il appartenait aux premières lois de la Révolution française et depuis au Code civil d'unifier et de compléter les dispositions sur la composition et les attributions du conseil de famille, dont le germe latent suit l'homme partout et se révèle lorsqu'une protection particulière lui devient nécessaire.

MISSION ET COMPÉTENCE DU CONSEIL DE FAMILLE.

671. — Il y a lieu à la *convocation* du conseil de famille lorsqu'il s'agit :

(1) « L'institution des conseils de famille dans les tutelles nous vient du droit coutumier, » dit ARGOU, *Instituts au Droit français*, p. 48.

1° De nommer un tuteur au mineur à défaut de la tutelle légitime ou testamentaire (1) ;

2° De nommer, sauf dans le cas de tutelle de droit du mari, un tuteur aux majeurs frappés d'interdiction (2) ;

3° De nommer aux pupilles un subrogé tuteur dans la ligne différente de celle du tuteur (3) ;

4° De délibérer sur le point de savoir si la tutelle doit être conservée à la mère qui veut convoler en secondes noces (4) ;

5° De choisir le tuteur entre deux bisaïeuls appartenant à la ligne maternelle (5) ;

6° De délibérer sur la destitution ou l'exclusion des tuteurs ou subrogés tuteurs (6), ou sur la tutelle officieuse (7), ou sur la confirmation du tuteur choisi par la mère maintenue dans la tutelle de ses enfants du précédent mariage (8).

7° De rendre la tutelle, soit au tuteur excusé (9), soit au père ou à la mère dans le cas des articles 28 et 42, 6°, C. pén.;

8° De nommer en cas de décès de la mère un tuteur provisoire aux enfants dont le père est absent depuis six mois (10), ou de donner un tuteur *ad hoc*, soit à l'enfant *désavoué* (11), soit au pupille qui se trouve en opposition d'intérêts avec son tuteur (12), ou avec ses cohéritiers ou co-pupilles (13);

9° De nommer un curateur au ventre (14), un curateur à l'émancipation (15), un curateur *ad hoc* pour l'acceptation d'une donation faite à un sourd-muet qui ne sait pas écrire (16), un tuteur aux condamnés aux travaux forcés à temps ou à la réclusion (17).

(1) C. civ., art. 405. — (2) Art. 506. — (3) Art. 420 et 503. — (4) Art. 396. — (5) C. civ., art. 404. — (6) Art. 446. — (7) Art. 361. — (8) Art. 400. — (9) Art. 431. — (10) Art. 142. — (11) Art. 318. — (12) C. procéd. Art. 968. — (13) C. civ. art. 838. — (14) Art. 333. — (15) Art. 480. — (16) Art. 936. — (17) C. pén. art. 29.

10° De délibérer sur la demande en réclusion par voie de correction d'un mineur pour cause d'inconduite (1), sur la collation ou la révocation de l'émancipation (2), sur les causes d'interdiction (3), ou sur celles de nomination d'un conseil judiciaire (4).

Indépendamment de ces attributions principales, le conseil de famille en a encore d'autres, ainsi :

Il *autorise* dans certains cas le mariage du mineur ou s'y *oppose* (5).

Il *règle* sous certains rapports l'administration de la tutelle (6) et il autorise certains actes à faire de la part du mineur ou de l'interdit, tels que : négociations entre lui et le tuteur (7), emprunts, hypothèques, aliénations (8), acceptation de donations (9), ou de successions (10), actions immobilières ou acquiescements (11), action en partage (12), transactions (13).

Il *règle* les conventions matrimoniales des enfants des interdits (14) ;

Il *décide* lors de la dation de la tutelle s'il y a lieu de restreindre l'hypothèque légale à certains biens du tuteur (15).

Enfin, il donne son *avis* sur la demande en réduction de cette hypothèque (16).

672. — Les tribunaux ont en outre le droit d'ordonner des assemblées de famille pour délibérer et donner leur avis sur les affaires qui leur sont soumises, et par exemple, pour s'assurer de l'époque du décès de l'un des parents qui composent la famille. Le membre du tribunal délégué pour présider une pareille assemblée a

---

(1) Art. 468. — (2) Art. 478. — (3) Art. 494. — (4) Art. 514. — (5) Art. 160, 175. — (6) Art. 454. — (7) Art. 450. — (8) Art. 457. — (9) Art. 463. — (10) Art. 461. — (11) Art. 464. — (12) Art. 465-817. — (13) Art. 467. — (14) Art. 511. — (15) Art. 2141. — (16) Art. 2143.

le droit de recevoir les déclarations des membres qui
en font partie, et d'en dresser procès-verbal (1).

DU DOMICILE DU MINEUR.

673. — Le conseil de famille devant être convoqué
au siège de la justice de paix du *domicile* du mineur (2),
de nombreuses controverses se sont élevées sur la
question de ce *domicile*. On a prétendu que ce domicile
pouvait *varier* suivant celui du tuteur, mais on a répondu
que le mineur (ou l'interdit) a *deux* domiciles : l'un pour
la *gestion* de sa tutelle qui est inséparable de celui du
gérant : l'autre pour le *conseil de famille*, qui est celui
de l'ouverture de la tutelle, le mineur étant alors dans
celui de son père ou de sa mère non décédée (3).

674. — Il faut encore réputer nulle la nomination
d'un *subrogé tuteur* faite par le conseil de famille convoqué devant le juge de paix d'un domicile autre que
celui qu'avait le père du mineur au moment de son
décès et adopté par le tuteur depuis l'ouverture de la
tutelle (4).

675. — Cependant s'il s'agissait d'un tuteur *légal*
par exemple de la mère survivante au père du mineur,

---

(1) Cass. 12 mars 1813 (Pigeollot). — (2) Art. 406. — (3) TOULLIER,
Dr. civil, t. 2, n° 1114 ; — DURANTON, 3, n° 453 ; — CARRÉ, t. 3 ; —
BERRIAT ; — DELVINCOURT, t 1 ; — FAVARD DE LANGLADE, v° *Tutelle*, § 4, n° 4 ; — MAGNIN, t. 1, n° 78 ; — VALETTE sur PROUDHON,
t. 2 ; — DUVERGIER sur TOULLIER, t. 1, n° 1114 ; — FREMIN-
VILLE, *Tut.*, t. 1, n° 98 ; — DEMOLOMBE, t. 7 ; — Cass. rej. 29
nov. 1809 (Desrepeaux), S.-V. 10, 1, 62 ; C. n. 3, 1, 126 ; —
Rennes, 9 février 1813 (Cadour) ; C. n. 4, 2, 254 ; — Cass. 23
mars 1819 (Magneux), S.-V. 19, 1, 325 ; C. n. 6, 1, 47 ; — Nîmes,
2 mars 1848 (Robert), S.-V. 48, 2, 295 ; D. p. 48, 2, 58 ; P. 48,
1, 532. — Cass. rej. 4 mai 1846 (Jean-Jean), S.-V. 46, 1, 465 ;
D. p. 46, 1, 129 ; P. 46, 2, 78 ; — Cass. 17 décembre 1849 (Gas).
— (4) Cass. 11 mai 1842.

le *domicile* de ce dernier ne serait-il pas celui de la mère, lors même qu'elle aurait cessé de résider dans le lieu où son mari est décédé ? Dans notre opinion, cette circonstance ne peut rien changer à la règle que le lieu de l'ouverture de la tutelle établit *irrévocablement* le domicile du mineur et par suite le siège du conseil de famille, domicile acquis par le seul fait du décès de son père (1).

676. — Ce conseil sera convoqué soit sur la réquisition et à la diligence des parents du mineur, de ses créanciers ou d'autres parties intéressées, soit même d'office et à la poursuite du juge de paix du domicile du mineur. Toute personne pourra dénoncer à ce juge de paix le fait qui donnera lieu à la nomination d'un tuteur.

(Code Civil. art. 406).

677. — Dès lors est illégalement composé le conseil de famille convoqué par la mère tutrice dans un lieu autre que le domicile du mineur, par exemple pour faire nommer un subrogé tuteur en remplacement du subrogé tuteur précédemment nommé (2).

678. — Durant toute la tutelle ce domicile ne change pas, encore que la mère survivante viendrait à décéder avant la majorité de son pupille, par la raison que ce mineur était en tutelle avant le décès de sa mère, et que ce décès ne donne lieu qu'à la continuation de la tutelle et de domicile acquis au mineur.

679. — Le tuteur, fût-il le père ou la mère du mi-

(1) Cass. rej. 10 août 1825 (Ilaud), S.-V. 26, 1, 139 ; C. n. 8, 1 175 ; D. p. 25, 1, 405. — (2) Cass. 11 mai 1842 (Mouthon), S.-V. 42, 1, 661 ; D. p. 42, 1, 217 ; P. 42, 1, 711.

néur, ne peut à son gré, par son seul caprice ou dans un but d'intérêt illicite, se soustraire à la juridiction du juge de paix dans le ressort duquel la tutelle s'est ouverte, et conférer ainsi la compétence à celui de son nouveau domicile. Autrement, par une semblable manœuvre, il serait facile d'écarter les parents du conseil de famille, de ne le composer que d'inconnus ou de personnes entièrement ignorantes des intérêts réels du mineur, et de couvrir de cette façon soit des dilapidations soit des spéculations illégitimes.

680. — C'est encore au *domicile* où la tutelle s'est ouverte que doit être convoqué le conseil de famille appelé à procéder en remplacement de la tutrice remariée à laquelle la tutelle n'a pas été conservée (1).

681. — Même décision pour le remplacement du tuteur légitime décédé (2) ; — également pour remplacer le subrogé tuteur décédé (3).
De même pour la nomination d'un *curateur* au mineur émancipé (4).

682. — La délibération de l'assemblée de famille, convoquée pour pourvoir au remplacement de la mère tutrice légale décédée, au lieu du domicile de la mère, est *nulle*, sans qu'il appartienne au juge de valider, sous le prétexte qu'en fait, l'assemblée de famille, ainsi convoquée, paraît avoir présenté des garanties suffisantes (5).

683. — A plus forte raison, le conseil de famille ne

---

(1) Aix, 7 mars 1846 (Sicard); D. p. 46, 2, 171. — (2) Nancy, 1ᵉʳ juillet 1853; D. p. 54, 2, 234. — (3) Douai, 4 mars 1859. — (4) Art. 480. — Douai, 22 décembre 1863. — Cass. 11 mai 1842 (Mouthon). — (5) Cass., 2 mars 1869.

peut être convoqué devant le juge de paix d'une résidence *accidentelle*, à peine de nullité radicale de toutes les délibérations, tellement que ces délibérations ne pouvaient être validées postérieurement par la confirmation qui en serait faite par un autre conseil de famille régulièrement assemblé, de même le défaut de réclamation d'un nouveau tuteur pendant un long laps de temps, contre un acte de cette nature, ne lui ôte pas la faculté d'en faire prononcer la nullité (1).

684. — Il a été cependant jugé que l'article 406 du Code civil n'est pas tellement absolu que la délibération prise par un juge de paix autre que celui du domicile du mineur doive être anéantie, alors que la délégation de ce juge de paix a été faite par jugement passé en force de chose jugée (2).

685. — Le tuteur ne peut exciper *contre* un mineur de ce que le conseil de famille aurait été, par l'autorisation de l'acte qu'il attaque, convoqué devant un juge de paix incompétent, alors que c'est lui-même qui a requis cette convocation (3).

686. — Lorsqu'il s'agit de remplacer pour un mineur (ou un interdit) un tuteur décédé, la convocation ne doit pas se faire au domicile du tuteur défunt, mais devant le juge de paix de l'ouverture de la tutelle (4).

(1) Turin, 13 mai 1811 (Botton); C. n. 3, 2, 494. — (2) Metz, 20 avril 1820 (Brandeburg), S.-V. 21, 2, 339; — C. n. 6, 2, 247; — J.-G. 12, 711. — (3) Req. 4 janvier 1842 (Créton). — (4) TOULLIER, t. 2, n° 1114. — DUVERGIER sur TOULLIER, t. 1; — DELVINCOURT, t. 1; — FAVART, v° *Tutelle*, § 4, n° 4; — MAGNIN, t. 1. n° 78; — DEMOLOMBE, t. 7, n° 237 et suiv. — VALETTE sur PROUDHON, t. 2; — FREMINVILLE, *Tut.* t. 1, n° 987; — Cass. 29 novembre 1809 (Descepeaux): — 23 mars 1819 (Magneux); — 4 mai 1816 (Jean-Jean); — Rennes, 9 février 1813 (Cadour); — Nîmes, 2 mars 1846 (Robert). V. *Suprà* ces arrêts.

687. — En règle générale le *protuteur* doit être nommé par le conseil de famille du lieu où la tutelle s'est ouverte, et non pas au lieu où sont situés ses biens (1).

688. — En principe, le droit de *convoquer* appartient au *juge de paix*, et n'appartient qu'à lui (2).

Il convoque le conseil tantôt d'*office*, lorsqu'il connaît par lui-même la cause qui nécessite la convocation, tantôt sur la *réquisition* de certaines personnes, laquelle se fait par requête écrite, présentée au juge qui y répond par une ordonnance.

Dans ce dernier cas il faut distinguer la cause qui rend nécessaire la présence du conseil (3).

S'agit-il de *nommer* un tuteur, la convocation peut être requise : 1° par les *parents* du mineur, *sans limitation de degrés*; — 2° par ses *alliés* jusqu'au douzième degré ; — 3° par ses créanciers ou par toute autre personne intéressée à la conservation de sa fortune ; — 4° par le subrogé tuteur lorsqu'il en existe un (3).

Enfin, toute personne peut *dénoncer* au juge de paix, afin qu'il y pourvoie, le fait que nécessite la nomination d'un tuteur.

Le *ministère public* n'a pas, à cet égard, de droits plus étendus qu'un simple citoyen (4).

689. — Mais il ne faut pas confondre le droit de *réquisition* avec le droit de *dénonciation*. Le juge de paix est obligé d'accéder à la demande des personnes qui ont qualité pour requérir et qui requièrent la convocation du conseil de famille. S'il résiste, les requérants

---

(1) Toullier, t, 2, n° 1123. — (2) Fay, *Conseils de famille*, n° 66. — (3) Art. 424. — (4) L. 17 août 1790, titre 8, art. 12. — L. 28 avril 1810, art. 46; — Cass. 14 août 1818 ; — Dalloz, *Minorité*, n° 204 ; — Massé et Vergé, 1, p. 396, note 7.

peuvent attaquer par la voie de l'appel, l'ordonnance par laquelle il a motivé son refus et s'il n'a point rendu d'ordonnance, le *prendre à partie.*

690. — Le déni de justice sera constaté par deux réquisitions faites aux juges en la personne des greffiers, et signifiées de trois en trois jours au moins pour les juges de paix..... Tout huissier requis sera tenu de faire ces réquisitions, à peine d'interdiction.

(*C. de pr. civ.*, art. 507.)

691. — Il n'est pas, au contraire, obligé d'accéder à la *dénonciation.*

692. — S'agit-il de faire *destituer* un tuteur, la réquisition ne peut être faite que par le subrogé tuteur et les parents ou alliés du mineur au *degré* de cousin germain ou à des degrés plus proches (1).

Toutefois, s'il n'existe point de subrogé tuteur, le droit de réquisition redevient général ; il appartient alors à tout parent et à toute personne intéressée (2).

Enfin, il n'est pas douteux que le tuteur n'ait le droit de requérir lui-même la convocation du conseil, toutes les fois qu'il est obligé d'obtenir son autorisation, et même dans tous les cas où il croit devoir prendre son avis.

693. — La convocation d'*amis* pour compléter le conseil de famille est valable, quoiqu'elle n'ait pas été faite par le juge de paix lui-même, si elle a été approuvée par lui, en agréant les personnes qui leur ont été présentées (3).

(1) Art. 446. — (2) Art. 421. — (3) Colmar 14 juillet 1836 (Baur) ; S.-V. 37, 2, 231 ; — D . p. 37, 2, 179 ; P. 37, 2, 434 ; — Douai, 13 février 1844 (Leclercq) ; S·-V. 45, 2, 79 ; D. p. 45, 2, 152 ; — P. 46, 1, 65.

COMPOSITION DU CONSEIL DE FAMILLE.

694. — Des règles particulières sont tracées par les articles 407 et suivants du Code civil pour la *composition* du conseil de famille. Une première question est de savoir si l'inobservation de ces règles emporte *nullité ?* A cet égard trois systèmes existent : l'un déclarant qu'il y a nullité *absolue*, bien que le législateur ne l'ait pas déclaré, un acte repoussant la nullité ; — un troisième, enfin, reconnaissant aux tribunaux le pouvoir d'annuler ou de ne pas annuler selon les circonstances, c'est-à-dire s'inspirant de la gravité de la contravention et du plus grand intérêt du pupille (1).

C'est ce dernier système qui paraît aujourd'hui prévaloir, et avec juste raison, ce nous semble. « Les for-« mes prescrites pour la composition des conseils de « famille, dit à ce sujet GILBERT (2), ont pour but de « garantir les intérêts du mineur, or dès l'instant que « les juges reconnaissent que, malgré le défaut d'ac-« complissement de quelqu'une de ces formes, cet inté-« rêt n'a aucunement souffert, quel serait le motif de « prononcer une nullité qu'aucun texte n'établit ? Par « contre, aussi, s'il est démontré que l'inobservation de « la loi a porté préjudice au mineur, comment mainte-« nir une opération qui ne remplit pas toutes les condi-« tions exigées par la loi ?... »

Nous verrons du reste les différentes solutions sur ce pouvoir discrétionnaire des tribunaux, à mesure que les différentes espèces se présenteront.

DU RÔLE DU JUGE DE PAIX VIS-A-VIS DE LA FAMILLE.

695. — Il en est des décès qui donnent lieu à des convocations des *conseils de famille*, comme de ceux

____

(1) Conf. Aix, 7 mars 1846 ; D. p. 46, 2. 171 ; — Lyon, 14 juillet 1853 ; D. p. 54, 2, 33. — (2) C. civ. annoté, art. 407.

qui nécessitent l'*apposition des scellés* ; le juge de paix est presque toujours prévenu fort tard, ou même pas du tout.

Ce magistrat doit exiger que le survivant des père et mère vienne en personne convenir avec lui de la réunion, et l'interroger scrupuleusement sur les degrés de parenté de ceux qui doivent composer cette assemblée. On est trop porté, en général, à mettre de l'indifférence et parfois de la négligence dans cette composition ; à remplacer par un parent plus éloigné, le parent le plus proche que l'on n'aime pas ; à mettre un étranger à la place de celui qui, pour une raison ou pour une autre, par ignorance, par crainte d'une responsabilité quelconque (surtout à la campagne), par paresse, par crainte de perdre une journée de travail, etc. ne juge pas à propos de comparaître.

696 — Le conseil réuni, on doit s'assurer que les parents présents sont bien ceux qui ont été désignés et dont les noms ont été remis au greffier de paix, et *ajourner* dans le cas contraire. Cette façon de procéder, une fois bien connue, ne tarderait pas à amener la régularité.

697. — Le magistrat cantonal doit bien se pénétrer de l'idée que, le plus souvent, il est le seul qui porte aux mineurs un intérêt dégagé de toute préoccupation personnelle. — « Il n'est ni du côté paternel, ni du côté « maternel ; il est inaccessible à l'influence de l'une ou « de l'autre ligne, il ne voit et ne doit voir que l'intérêt « des mineurs et l'exécution de la loi (1).

Il doit éviter que l'on choisisse pour subrogé tuteur celui que le tuteur paraît désirer trop vivement, ainsi que le parent qu'il aura désigné lui-même, ou plutôt

______

(1) Marchand, *Code de la Minorité*, p. 125, n° 4.

faire à ce sujet une rapide enquête. Quoiqu'il n'ait qu'une voix, il lui sera, le plus souvent, facile de diriger la délibération sans blesser aucune susceptibilité.

698. — Le *second mariage* d'une veuve est souvent une nécessité, même dans l'intérêt des enfants de sa première union ; ne posons donc pas en principe que la tutelle doit lui être *retirée*. Il arrivera parfois que le dépit qu'elle concevra de cette suspicion, lui fasse considérer ses premiers enfants comme des étrangers, lorsqu'il en sera arrivé d'autres; puis l'immixtion d'un étranger dans l'administration occasionne souvent des tiraillements dont les résultats ne seront pas toujours favorables aux enfants.

699. — L'*émancipation* peut souvent être funeste aux intérêts du mineur auxquels on la concède, mais le tuteur, autre que le père ou la mère, la demande fréquemment pour se débarrasser de la tutelle. Le juge de paix devra employer son influence à la faire rejeter, lorsqu'il aura cru en deviner les motifs.

700. — Le même désir de la part du tuteur, fait souvent consentir un conseil au *mariage* du mineur dont les père et mère sont décédés, et il y a la même marche prudente à suivre.

701 — Si l'on suivait à la lettre les dispositions du Code civil concernant l'*usufruit légal* des père et mère, on dirait à ces derniers que, dès qu'un ou plusieurs enfants ont dépassé dix-huit ans il y a nécessité de procéder à la *vente du mobilier*. Qui ne comprendra que par là on arriverait aux plus déplorables résultats ? Un commerce pourrait être anéanti, une exploitation rurale abandonnée parfois. Le juge de paix devra se contenter, ce semble, d'avertir le survivant et le subrogé tuteur qu'ils exposent à des recours, au moins à des reproches en ne se conformant pas scrupuleusement aux prescriptions de la loi. Le plus souvent, presque toujours, pourrait-on dire, les enfants n'élèveront aucune réclamation à leur majorité ou lors de leur émancipation. Il sera bon, toutefois, de mentionner dans le procès-verbal de l'assemblée de famille que les parties intéressées ont été averties. Ainsi se trouvera sauvegardée la responsabilité morale du magistrat.

702. — Dans le cas où un conseil de famille est appelé à autoriser le mariage d'un mineur, le juge doit presque toujours engager officieusement le conseil à exiger qu'il soit rédigé un *contrat de mariage*. Il lui fera comprendre facilement que le défaut de cet acte, fait tomber les futurs sous le régime de la communauté légale, et que, en évitant, pour le moment, une dépense minime, on fait, dans certaines circonstances, passer des valeurs importantes d'une famille dans l'autre ; ou bien l'on prive le survivant, ou les enfants, des droits qui leur appartiendraient légitimement. Peut-être le juge de paix ferait-il bien de dissuader d'une donation par contrat. Ces sortes de libéralités sont souvent les résultats d'un entraînement irréfléchi suivi de regrets. Des testaments, au cours du mariage, remplissent le même but et ont le grand avantage d'être révocables, si l'on vient à se repentir de les avoir faits.

703. — Le conseil de famille sera composé, non compris le juge de paix, de six parents ou alliés, pris tant dans la commune où la tutelle sera ouverte que dans la distance de deux myriamètres, moitié du côté paternel, moitié du côté maternel, et en suivant l'ordre de proximité dans chaque ligne.

Le parent sera préféré à l'allié du même degré; et, parmi les parents de même degré, le plus âgé à celui qui le sera le moins.

(Code civil, art. 407.)

Les frères germains du mineur et les maris des sœurs germaines sont seuls exceptés de la limitation de nombre posée en l'article précédent.

S'ils sont six, ou au-delà, ils seront tous membres du conseil de famille, qu'ils composeront seuls, avec les veuves d'ascendants et les ascendants valablement excusés, s'il y en a.

S'ils sont en nombre inférieur, les autres parents ne seront appelés que pour compléter le conseil.

(Code civil, art. 408.)

Lorsque les parents ou alliés de l'une ou de l'autre ligne se trouveront en nombre insuffisant sur les lieux, ou dans la distance désignée par l'article 407, le juge de paix appellera, soit des parents ou alliés domiciliés à de plus grandes distances, soit, dans la commune même, des citoyens connus pour avoir eu des relations habituelles d'amitié avec le père ou la mère du mineur.

(Code civil, art. 409.)

Le juge de paix pourra, lors même qu'il y aurait sur les lieux un nombre de parents ou alliés, permettre de citer, à quelque distance qu'ils soient domiciliés, des parents ou alliés plus proches en degrés ou de mêmes degrés que les parents ou alliés présents ; de manière toutefois que cela s'opère en retranchant quelques-uns de ces derniers, et sans excéder le nombre réglé par les précédents articles.

(Code civil, art. 410.)

Le délai pour comparaître sera réglé par le juge de paix à jour fixe, mais de manière qu'il y ait toujours, entre la citation notifiée et le jour indiqué pour la réunion du conseil, un intervalle de trois jours au moins, quand toutes les personnes citées résideront dans la commune, ou dans la distance de trois myriamètres.

Toutes les fois que, parmi les parties citées, il s'en trouvera de domiciliées au-delà de cette distance, le délai sera augmenté d'un jour par trois myriamètres.

(Code civil, art. 411.)

Observations. — D'après l'article 4 de la loi du 3 mai 1862, l'augmentation du délai à raison des distances a été modifié et n'est plus que d'un jour par cinq myriamètres.

Les parents, alliés ou amis, ainsi convoqués, seront tenus de se rendre en personne, ou de se faire représenter par un mandataire spécial.

Le fondé de pouvoir ne peut représenter plusieurs personnes.

(Code civil, art. 412.)

Tout parent, allié ou ami, convoqué, et qui, sans excuse légitime, ne comparaîtra point, encourra une amende qui ne pourra excéder cinquante francs et sera prononcée sans appel par le juge de paix.

(Code civil, art. 413.)

S'il y a excuse suffisante, et qu'il convienne, soit d'attendre le membre absent, soit de le remplacer; en ce cas, comme en tout autre où l'intérêt du mineur semblera l'exiger, le juge de paix pourra ajourner l'assemblée ou la proroger.

(Code civil, art. 414.)

Cette assemblée se tiendra de plein droit chez le juge de paix, à moins qu'il ne désigne lui-même un autre local.

La présence des trois quarts au moins de ses membres convoqués sera nécessaire pour qu'elle délibère.

(Code civil, art. 415.)

Le conseil de famille sera présidé par le juge de paix, qui y aura voix délibérative, et prépondérante en cas de partage.

(Code civil, art. 416.)

Nota. — Si le juge de paix est empêché il est valablement remplacé par un de ses *suppléants*, et le tribunal de première instance ne pourrait commettre à cette mission un de ses membres (1).

(1) Bordeaux, 6 messidor an XII (Delvaille) ; S.-V. 4, 2, 150 ; C. n. 1, 2, 201 ; J. G. 12, 700 ; — Demolombe, 7, n° 307 ; — Massé et Vergé, sur Zachariæ, 4. § 201.

8.

704. — Régulièrement la convocation se fait par *citation*. Toutefois le recours aux huissiers coûte cher, et c'est le mineur qui paie ; aussi dans la pratique on fait cette convocation par *simples lettres* ou *verbalement*, afin d'épargner au mineur les frais d'un acte extrajudiciaire.

705. — Ces deux modes de convocation ne doivent pas, du reste, être confondus : le premier est sanctionné par une *amende de cinquante francs* contre la personne qui, bien que régulièrement convoquée, ne comparaît pas. Cependant comme la loi n'interdit pas la voie de l'*opposition*, le juge de paix pourra relever de cette condamnation pécuniaire le membre qui présentera un motif légitime d'excuse.

La seconde manière n'a point de *sanction* et la personne qui a été convoquée par simple lettre missive ou verbalement n'encourt aucune peine lorsqu'elle fait défaut.

706. — Il n'y a pas lieu de punir, par analogie, le membre qui a comparu, mais qui a *refusé de délibérer* par suite d'un incident élevé sur l'irrégularité de la composition de l'assemblée de famille (1).

707. — Le délai des distances (un jour par *cinq myriamètres*) est prescrit à peine de *nullité*, tant de la citation que de la délibération prise en l'absence du membre irrégulièrement appelé (2).

Cependant la Cour suprême a jugé (3) qu'une assemblée familiale tenue, sans citation ou sans observer le

(1) Demolombe, 7, 305. — Cass. 10 décembre 1828. (Lehir); S.-V. 29, 1, 320; C, n. 9, 1, 199; D. p. 29, 1, 61. — (2) Caen, 30 août 1847 (Corbin); S.-V. 48, 2, 527; C. n. 9, 1, 9 ; D. p. 49, 1, 61 — (3) Cass. 22 juillet 1807.

délai que la citation entraîne, alors d'ailleurs que la formation du conseil est régulière. — Du reste, la délibération serait valable si tous les membres y ont pris part.

708. — Dans tous les cas où un membre convoqué officiellement est excusé ou bien fait défaut, le juge de paix peut prendre le parti qui lui paraît le plus favorable aux intérêts du mineur ; soit *ajourner* l'assemblée, c'est-à-dire la renvoyer à un jour indéterminé, pour ne la réunir qu'après une nouvelle convocation, soit la *proroger*, c'est-à-dire la remettre à un jour fixe et sans convocation nouvelle (1). Il a encore la faculté d'appeler immédiatement, soit le membre défaillant, soit à sa place un autre membre. Ou bien il peut faire délibérer sur le choix, sans être obligé d'appeler un autre membre à la place de celui qui est excusé (2).

Il suit de là que, tant que l'assemblée n'est pas entrée en délibération sous sa présidence, tous les actes faits par le juge de paix ne sont que *préparatoires* et susceptibles d'être modifiés, si bien que, après avoir, sur requête, désigné des amis pour composer un conseil de famille, il peut d'office, ou sur la réclamation des parents, rectifier sa première liste et appeler des amis plus intimes (3). Bien plus, lorsqu'un parent convoqué n'a, quoique présent sur les lieux, ni répondu à l'invitation, ni fait parvenir d'excuses, le juge de paix ne fait qu'user de son droit en le remplaçant par un ami de la famille (4).

Dans le silence du Code, il n'est pas indispensable que le conseil de famille une fois constitué entre immé-

---

(1) Art. 414, C. civ. — (2) Rennes, 9 février 1813 ; — Bordeaux, 17 août 1825. — (3) LAURENT, *Princ. du droit civil*, 4 n° 446 ; — Paris, 7 floréal an XIII ; — Aix, 3 août 1838. — (4) Lyon, 19 juin 1869.

diatement en délibération. Il suffit que le juge de paix dresse procès-verbal de cette constitution et ajourne ou bien proroge pour délibérer. Alors le conseil se trouve composé définitivement, de sorte qu'il ne pourra plus être modifié que suivant le droit commun.

709. — La délibération d'un conseil de famille prise en l'absence de l'un des six parents dont tout le conseil de famille doit être composé est nulle, si le parent absent n'a point été convoqué par une *citation* et encore bien que les *trois quarts* des parents, nombre strictement nécessaire pour la validité des délibérations des conseils de famille, aient été présents. Peu importe, que le parent absent ait *promis* verbalement de se rendre au conseil (1).

Celui qui demande la convocation du conseil de famille requiert *cédule* du juge de paix. Elle n'est cependant pas obligatoire quand tous les parents sont d'accord pour comparaître au jour *fixe* indiqué par le juge de paix.

710. — Les parents, alliés ou amis, irrégulièrement convoqués, sont tenus de se rendre en personne ou de se faire représenter par un fondé de pouvoirs spécial,— lequel ne peut être le mandataire de plus d'un membre.

711. — La *procuration* donnée à ce représentant doit être *enregistrée*. Il n'est pas nécessaire qu'elle soit faite par acte notarié, et peut l'être sous seing privé. Il faut néanmoins que le magistrat puisse s'assurer que la signature, au bas de chaque procuration, est bien celle du membre cité : on peut, à cet effet, la faire légaliser

(1) Rouen, 7 avril 1827 (Samson); S.-V. 27, 2, 196; C. n. 8, 2, 355.

par le maire de la commune. Elle doit être annexée au registre des délibérations.

712. — Le juge de paix ne doit pas agréer comme mandataire un individu incapable d'être membre d'un conseil de famille (1), tel qu'un mineur dont la présence entraînera la nullité de la délibération, encore que sans lui les trois quarts des membres fussent présents.

713. — Un membre du conseil ne peut prendre part à une délibération comme membre *et* comme mandataire (2). Cependant, dans ce cas spécial, la délibération ne serait·pas nulle pourvu que, sans compter son mandant, les membres délibérants soient en nombre suffisant.

714. — Le membre qui se fait représenter n'est pas tenu d'émettre son vœu dans la procuration (3); même s'il s'agit d'une demande en interdiction (4).

Elle ne doit pas nécessairement exprimer l'objet de la délibération pour laquelle le mandant est convoqué, qu'elle limite même et détermine les pouvoirs du mandataire en spécifiant, par exemple, s'il s'agit de la nomination d'un tuteur que le fondé de pouvoirs *devra* nommer telle ou telle personne ; ou bien, s'il s'agit d'autoriser le tuteur à faire tel ou tel acte que cette autorisation devra être donnée ou refusée.

Il pourrait être nuisible, en certaines circonstances, de *limiter* les pouvoirs du mandataire, puisqu'on entraverait ainsi la délibération du conseil de famille et qu'on en rendrait le succès impossible par l'accord de tous les membres.

(1) Orléans, 12 janvier 1850 ; D. p. 50, 2, 60. — (2) Turin, 20 février 1807. — (3) Metz, 24 brumaire an XIII. — (4) Paris, 26 avril 1851 ; S.-V. 51, 2, 285. — LOCRÉ, *Lég. civ.*, J. p. 181.

Cependant il semble difficile d'empêcher un parent de préciser sa volonté dans la procuration qu'il donne.

715. — En cas *d'insuffisance* de parents ou alliés sur les lieux ou dans le rayon de deux myriamètres, et s'il existe des parents hors de ce rayon, le juge de paix, à *son choix*, peut appeler des parents ou des *amis* établis sur les lieux (1).

Par exemple un conseil de famille convoqué pour se prononcer sur l'état d'une personne, dont l'*interdiction* est provoquée, peut être composé en partie d'*amis*, quoi-qu'il y ait des parents dans l'arrondissement (2).

716. — Le pouvoir du magistrat est *discrétionnaire*: et bien que le parent domicilié *hors du périmètre légal offre* de faire partie du conseil, le juge de paix n'est pas tenu de déférer à cette offre; c'est l'intérêt du mineur qui doit le diriger.

717. — Le juge de paix n'est pas investi, pour la *composition* du conseil de famille, de pouvoirs *indéfinis* : Aussi, il ne peut, à peine, de *nullité absolue* (car elle tient à l'ordre public), appeler des *amis* dans les cas où les parents et alliés sont en nombre suffisant sur les lieux ou dans la distance de deux myriamètres (3).

718. — Mais il est souverain appréciateur de l'apti-tude *morale* ou *physique* des membres qui doivent for-mer l'assemblée (4). Par suite un ou même deux *amis* de la famille ont pu en faire partie, bien qu'il existât,

---

(1) Besançon, 26 août 1806. — (2) Paris, 28 février 1814. — Cf. Besançon, 26 août 1808. — (3) Paris, 28 pluviôse an XI; — Angers, 29 mars 1821; — Paris, 24 février 1842. — (4) Bruxelles, 22 juin 1827; — Douai, 4 juillet 1855; D. p. 57, 2, 47.

dans le rayon de deux myriamètres, des *parents* de la ligne dans laquelle ils ont été placés (1). Et il en est ainsi par exemple, quand il est démontré que l'existence des parents domiciliés dans le périmètre légal était ignoré du juge, du moment que les intérêts du pupille n'en ont pas souffert (2) ; — ou lorsque l'état de santé des parents domiciliés dans ledit périmètre ne leur permettait pas d'assister à la délibération (3). A plus forte raison le défaut de mention dans le procès-verbal de la tenue d'un conseil de famille, que certains parents ou amis y ont été rappelés à défaut de plus proches parents ou à défaut de parents n'en opère pas la nullité (4), du moment qu'il n'y a eu ni dol, ni fraude, ni connivence (5).

719. — C'est au juge et non à celui qui a provoqué la nomination d'un conseil de famille qu'il appartient de convoquer les amis à défaut de parents (6), si la convocation avait été faite par un autre, il suffit du reste qu'il les agrée pour couvrir ce défaut (7).

720. — Egalement, si, sur requête, il a désigné des amis, il peut sur la réclamation des autres parents, ratifier sa première désignation et appeler d'autres amis plus intimes de la famille (8).

721. — Des citoyens non parents ni alliés, ne sont aptes à faire partie du conseil de famille que sous la double condition du domicile et de l'intimité *habituelle* (9).

722. — Les délibérations n'étant ni des jugements, ni des actes publics, mais des actes de *famille*, la loi ne

(1) Aix, 19 mars 1835 ; — Aix, 7 mars 1846 ; D. p. 46, 2, 171. — (2) Cass 1er avril 1856 ; D. p. 56, 1, 291. — (3) Douai, 4 juillet 1855 ; D. p. 57, 2, 47. — (4) Turin, 5 mai 1810. — (5) Cass., 15 août 1850 ; — Orléans, 14 novembre 1850. — (6) Besançon, 9 avril 1808. — (7) Colmar, 14 juillet 1836 ; — Douai, 13 février 1841. — (8) Aix, 3 août 1838. — (9) Cass., 19 août 1850.

s'oppose pas à ce qu'elles soient prises un jour de diman-
che ou de fête légale (1).

Par les mêmes motifs, les membres sont seuls admis
à ces réunions. De même le public n'est pas fondé à
demander au greffe copie ou communication d'une délibération, à moins de justifier d'un *intérêt particulier
qui lui rende utile l'expédition par lui requise* (2).

723. — Toutes les fois que les délibérations du
conseil de famille (seront annulables)... les tuteur,
subrogé tuteur ou curateur, même les membres de
l'assemblée, pourront se pourvoir contre la délibération ; ils formeront leur demande... sans qu'il
soit besoin de conciliation préalable.

(C. de pr. civ., art. 883.)

La cause sera jugée sommairement.

(C. de pr. civ., art. 884.)

724. — Le conseil se *compose* de : 1° *Le juge de
paix*, qui de droit en est le président ; 2° *Six membres*,
(sauf le cas des frères germains et des ascendants),
parents, alliés ou amis, pris moitié du côté paternel,
moitié du côté maternel, et domiciliés ou résidants dans
la commune où la tutelle s'est ouverte, ou dans la distance de deux myriamètres.

725. — Le législateur s'est arrêté à ce nombre *six*,
pour deux raisons : 1° Afin d'avoir un nombre *impair*, en
y comprenant le juge de paix : de cette manière, on évi-
te, le plus qu'on peut, l'inconvénient de voir le conseil,
lorsqu'il y a une délibération à prendre ou un avis à

(1) JAY, *Conseils de famille.* n° 58. — (2) Rej. 30 déc, 1840.

donner, *se partager* en deux opinions, ayant chacune un nombre égal de voix : 2° afin qu'on puisse avoir dans chaque ligne un nombre égal de parents.

Il les a désignés, moitié dans chaque ligne, pour éviter l'*influence* d'un côté sur l'autre.

726. — Parmi les personnes domiciliées ou résidant dans la commune de la tutelle ou dans le rayon de deux myriamètres (afin que les intérêts du mineur ne souffrent point du retard que pourrait occasionner l'éloignement des autres parents), la loi préfère : 1° Le *parent à l'allié, quand ils sont au même degré* : l'*allié* l'emporte donc sur le *parent*, quand il est d'un degré plus proche. Ainsi l'allié au degré de *frère* doit être appelé de préférence à l'oncle ou au *cousin*. Et nous ferons remarquer à cette occasion, que l'alliance subsiste malgré le *decès sans enfants* de l'époux qui l'a produit, tandis qu'il en est différemment en matière de dette alimentaire, mais il ne faut y voir qu'une exception car la règle est que l'alliance n'est pas, en principe détruite par le décès sans enfants de l'un des époux, et qu'ainsi elle continue de subsister pour tous les cas où la loi ne la déclare pas éteinte. Le juge de paix devra donc appeler au conseil le mari de la sœur, de la cousine du mineur, lors même que cette sœur, cette cousine serait décédée sans enfants.

2° Le parent le plus *âgé*, à celui qui l'est moins, *lorsqu'ils sont au même degré.*

727. — Le nombre six est tout à la fois un *minimum* et un *maximum*. Ainsi : 1° le juge doit toujours, quand il compose le conseil, convoquer *six personnes*.

2° En principe, le juge de paix ne doit convoquer que six personnes; mais une *exception* a été admise en faveur : *a*) des *frères germains* et des *maris des sœurs germaines*; b) *des ascendantes veuves* (1) et des *ascendants* valablement excusés, ou qui n'ont pas été appelés à la tutelle, par testament du dernier mourant.

Quelques auteurs (2) pensent que les ascendants mâles excusés et les ascendantes veuves, ne sont pas membres *nécessaires* du conseil de famille, qu'ils n'y sont appelés que par déférence avec faculté de ne pas s'y présenter.— Mais l'opinion contraire est justement adoptée avec raison ; et en rapprochant le texte ambigu de l'art. 408, des remaniements du Code, je n'hésite pas à décider, d'accord avec la *pratique constante*, que les ascendantes veuves, ou les ascendants mâles sont appelés dans la formation du conseil de famille en qualité de membres *nécessaires* eu égard à la proximité du lien de parents (3).

Il n'est pas douteux que le survivant des père et mère est aussi membre nécessaire du conseil de famille, étant compris dans la dénomination d'ascendants.

CARRÉ (4) enseigne aussi que le conseil de famille doit toujours être composé de six membres *au moins*, indépendamment des ascendants. Mais l'opinion contraire est généralement admise par l'usage, en considérant que le législateur, hors le cas tout à fait exceptionnel des ascendants et des frères germains, a voulu

---

(1) Le législateur a dit *veures d'ascendants*, ce qui n'est pas exact, car lorsque le père survivant est décédé après s'être remarié, sa seconde femme ne peut point, quoique *veuve d'ascendant* faire partie du conseil. — (2) TOULLIER, 2 n° 1111 ; — MARCADÉ, 2, sur 408 ; — TOULLIER. Th. du C. civ , 2 — FREMINVILLE, *de la Minorité*, 1, n° 87 ; — CARRÉ, *Juges de paix*, 3, n° 1869 ; — MARCHAND, *Code de la minorité*, p. 127. (3) DEMOLOMBE, 7, n°* 262, 264; — DELVINCOURT, 1; — DUVERGIER sur TOULLIER, 2, n° 1111 ; — VALETTE sur PROUDHON, 2, p. 310 ; — DEMANTE, 2, n° 155 *bis* ; — DUCAURROY, BONNIER et ROUSTAIN, C. civ., 1, n° 607 ; — Colmar, 27 avril 1813; — Toulouse, 5 juin 1829; S.-V. 14, 2, 48 — 29, 2, 313. — (4) CARRÉ, *Juges de paix*, 2.

limiter le nombre des membres du conseil à six, outre le juge de paix (1).

Tous les frères germains et les maris des sœurs germaines du mineur, les ascendants mâles et les ascendantes veuves doivent donc être appelés au conseil de famille, quel que soit leur nombre (2) ; cela quand même ils sont domiciliés au dehors de la distance de deux myriamètres, la disposition de l'art. 408 étant d'ordre public (3).

Alors, pour mettre d'accord l'art. 408 avec l'art. 407, il faut au préalable constater que les frères germains étant issus du même mariage et ayant les mêmes père et mère, peuvent être indistinctement placés du côté paternel ou du côté maternel, sans crainte de prépondérance d'une ligne sur l'autre ; cela au choix du juge de paix (4). Il en sera de même du mari de la sœur germaine.

Prenons l'hypothèse d'un mineur n'ayant ni frère germain, ni sœur germaine mariée, ni père ni mère survivant, ni ascendant mâle, ni ascendante veuve, le conseil de famille ne pourra être composé de plus de six membres. — Si, au contraire, le mineur a quatre frères germains, une ascendante paternelle veuve et des alliés maternels, le conseil de famille devra comprendre nécessairement ces cinq parents, en rangeant l'aïeul du côté paternel avec deux frères, et en plaçant du côté maternel les deux autres frères et un allié pris dans la ligne maternelle.

Si le mineur a six frères germains, beaux-frères germains et ascendants, ou un plus grand nombre, eux

---

(1) Jay, Conseils de famille, n° 10 ; — Massé et Vergé ; — Dalloz, V. *Minorité*. — (2) Toulouse, 5 juin 1829 ; — Lyon, 13 mars 1845 ; — Grenoble. 18 décembre 1845. — (3) *Contrà*, Massé et Vergé, 1, n° 201 ; — Dalloz, n° 178. — (4) Rej., 10 août 1815.

seuls sont nécessairement appelés à composer le conseil de famille sans en excepter un (1).

En appliquant la règle qui permet de placer *indistinctement* les frères et beaux-frères germains dans l'une ou l'autre ligne, il faut tenir compte de la distinction des lignes et ranger les parents et alliés *nécessaires*, chacun dans sa ligne, quand parmi ces derniers se trouve le père ou la mère, un ascendant ou une ascendante veuve. Ainsi, par exemple, lorsque le mineur a sa mère veuve, un aïeul et un bisaïeul maternel et cinq frères germains il faut adjoindre l'un des frères germains aux trois parents de la ligne maternelle afin de rendre le nombre égal des deux côtés (2).

Mais en supposant qu'il y ait six frères et beaux-frères germains, sans père, mère, ni ascendant, étant tous membres *nécessaires* au premier chef, il n'y pas à distinguer et tous entrent également de pair dans la ligne paternelle et dans la ligne maternelle. On procédera de même, quand ils seront sept frères et beaux-frères germains, sans appeler un parent, allié ou ami pour équilibrer les deux lignes : A vrai dire il n'y a plus de lignes (3).

Notons ici, que l'article 408, en appelant « les ascendants » à prendre part au conseil de famille, ajoute « *verbalement excusés.* » Cette locution est équivoque. Elle ne peut être bien comprise que par l'ordre dans lequel le Code civil a rangé les différentes tutelles. En effet, la section III du titre « DE LA MINORITÉ, » en traitant *de la tutelle des ascendants* suppose que le mineur a un ou plusieurs ascendants mâles, et il leur défère la tutelle légale successivement par ordre de proximité. Mais ces ascendants étant quelquefois admis à se faire excuser de cette tutelle, alors la section IV organisa la

____

(1) DEMOLOMBE, 7, n° 264. — (2) Liège, 4 janvier 1811. — (3) N. LE SENNE. *Conseils de famille.*

tutelle déférée par le conseil de famille, de même que s'il n'y avait pas d'ascendant mâle. L'art. 408 suppose donc que ce sont des ascendants valablement excusés, ajoutons démissionnaires ou non acceptants qui sont également appelés à coopérer soit à la nomination d'un tuteur datif, soit à une autre délibération intéressant le mineur.

Notre remarque s'applique également aux *veuves d'ascendants*, c'est-à-dire aux aïeules et bisaïeules veuves, qui, bien que n'étant jamais tutrices *légales*, peuvent être investies, soit de la tutelle testamentaire ou dative soit de la subrogée tutelle. En supposant qu'elles se soient fait excuser, elles ne seront pas moins *toutes*, quel que soit leur degré, nécessairement appelées dans la composition du conseil de famille de leurs petits-enfants.

Ainsi, tant qu'une ascendante a son mari, c'est lui et non elle qui fait partie du conseil. Si, devenue veuve et membre du conseil, elle se remarie, je suis d'avis qu'elle continuera d'en faire partie *nécessaire* (1), tandis que son nouveau ;mari peut y être appelé comme allié, mais non pas nécessairement (2).

Ce que nous venons de dire des aïeuls mâles et des aïeules veuves, est également vrai, du survivant des père et mère; l'un comme l'autre est appelé par l'article 408 à faire partie du conseil de famille en qualité de membre nécessaire (3).

Il ressort de ce qui précède que loin d'exclure du conseil de famille les ascendants mâles excusés de la tutelle, l'art. 408 les y appelle nécessairement. Bien que le Code ne s'explique pas quant aux autres parents qui se font excuser de la tutelle ou subrogée tutelle, ils n'en doivent pas moins aussi faire partie de la composition du conseil de famille dans l'ordre du droit commun.

---

(1) N. Le Senne, *loc. cit.* — (2) *Contrà*, Demolombe, 7, n° 260. — (3) Toulouse, 5 juin 1829 ; S. 29, 2, 313.

Le Code ne parle pas des frères *consanguins* (qui ont le même père et non la même mère), ni les frères *utérins* (qui ont la même mère et non le même père) : d'où il résulte qu'ils ne sont pas membres *nécessaires* du conseil de famille. Mais cela n'empêche pas que, parents du mineur, ils soient appelés dans leur ligne respective à faire partie de ce conseil, selon le droit commun ; de même pour les maris des sœurs consanguines ou utérines qui sont des *alliés*.

Le Code ne parle pas non plus des *neveux germains*, qui sont petits-fils du père et de la mère du mineur, et conséquemment parents de celui-ci *des deux côtés*. A la différence des frères germains, ils ne sont pas membres nécessaires du conseil de famille, mais ils devront y prendre part selon leur degré de parenté, et peuvent être rangés dans l'une comme dans l'autre ligne (1). Si donc il y a quatre neveux germains, dans le rayon légal, tous parents plus proches, on devra les retenir tous les quatre, soit en les rangeant deux par deux et en leur adjoignant un parent ou un allié dans chaque ligne, soit en plaçant trois neveux d'un côté, et de l'autre côté un neveu avec deux autres parents ou alliés. Cela est naturel et inévitable, puisqu'ils sont parents des deux lignes ; autrement dans laquelle des deux les ranger de préférence ? (2).

Ne perdons pas de vue que selon le vœu de l'art. 407, parmi les personnes résidant sur la commune de l'ouverture de la tutelle, ou dans la distance de deux myriamètres, la loi *préfère* le parent à l'allié, au même degré, et le parent le plus âgé, quand ils sont du même degré (3).

---

(1) Massé et Vergé, 1 § 201, note 6. — Rej. 16 juillet 1810; S.-V. 10, 1, 355. — (2) V. cependant Dalloz, *Minorité*, n° 187. — (3) Massé et Vergé.

728. — Le législateur a apporté deux *modifications* à la règle de la *circonscription* territoriale dans laquelle on doit prendre les membres du conseil : 1° lorsque les parents ou alliés de *l'une ou l'autre ligne* sont en nombre insuffisant dans la commune où la tutelle s'est ouverte, ou dans le rayon de deux myriamètres, le juge de paix peut, à son gré, appliquer, soit les parents ou alliés domiciliés à de plus grandes distances, soit des personnes connues pour avoir des *relations habituelles d'amitié* avec le père ou la mère du mineur, pourvu toutefois que ces personnes soient domiciliées *dans la commune même de l'ouverture de la tutelle* et non des *voisins.*

729. — Remarquons qu'il n'est point permis de compléter le nombre de parents ou alliés d'une ligne par les parents de l'autre ligne. Ainsi, lorsqu'il existe, par exemple, cinq parents dans la ligne paternelle, et un seul dans la ligne maternelle, les deux parents absents doivent être remplacés par deux parents maternels pris en dehors de la circonscription territoriale, ou par des amis. Autrement l'équilibre d'influence que la loi exige entre les deux lignes n'existerait plus.

730. — 2° Lors même qu'il existe dans la commune où la tutelle s'est ouverte, ou dans la distance de deux myriamètres, des parents ou des alliés en nombre suffisant, le juge de paix peut, lorsqu'il le juge utile pour les intérêts du pupille, citer *à quelque distance qu'ils soient domiciliés,* d'autres parents ou alliés, pourvu d'ailleurs qu'ils soient proches en degrés, de même degré que les parents ou alliés présents, mais alors il doit prendre soin de retrancher quelques-uns de ces derniers, afin de ne pas dépasser le nombre six.

RÉSUMÉ DE LA JURISPRUDENCE.

731. — L'inobservation des règles prescrites par le Code civil, sur la formation des conseils de famille, emporte *nullité* (1). Tel est le principe.

732. — Ainsi, la délibération est nulle lorsque le conseil de famille n'a pas été composé des parents les plus proches du mineur (2). Par exemple, lorsqu'un *frère* du mineur résidant sur les lieux n'y a pas été appelé (3), le conseil fut-il composé de six autres frères ou maris de sœurs du mineur (4); — ou si l'on a omis d'appeler un *ascendant* qui devait y être appelé (5), par exemple la mère du mineur (6), — ou si le conseil était composé de parents en nombre *inégal* dans les deux lignes, alors que la présence de parents dans le lieu même de la réunion du conseil permettait de rendre ce nombre égal (7) — ou si des *amis* ont été appelés lorsqu'il y avait des parents (8).

733. — Il a été jugé en sens contraire, que la délibération *n'est pas nulle*, bien que le conseil de famille n'ait pas été composé des plus proches parents ou alliés, si les parents omis n'étaient *pas connus* à l'époque de la convocation du conseil (9) — ou s'ils ont un *inté-*

(1) Montpellier, 12 mars 1833. — (2) Lyon, 15 février 1812 (Chauteret); S.-V. 13. 2, 289; C. n. 4, 2, 37; — Rouen, 7 avril 1827 (Samson); S.-V. 27, 2, 196; C. n. 8, 2, 355. — (3) Metz, 6 août 1818 (Martini); C. n. 5, 2, 402. — (4) Lyon, 13 mars 1848 (Aniez); S.-V. 46, 2, 429. — (5) Colmar, 27 avril 1813 (Rœderer); S.-V. 14, 2, 48; C. n. 4, 2, 297; — J. G. 12, 717. — (6) Toulouse, 5 juin 1829)Delboy); S.-V. 29, 2, 313 C. n. 9, 2, 282 ; — D. p. 29, 2, 252. — (7) Liège, 4 janvier 1811 (Ambros); S.-V. 11, 2, 333; C. n. 3, 2, 387; J. G. 12, 724. — (8) Angers, 29 mars 1821 (Defilée), S.-V. 21, 2, 260; C. n. 6, 2, 395; J. G. 12; 712; — Montpellier, 12 mars 1833 (R...); S.-V. 34, 2, 42; D. p. 33, 2, 215. — (9) Bruxelles, 15 mars 1806 (Morgat); S.-V. 7, 2, 866; C. n. 2, 2, 123; J. G. 12, 713.

rêt direct à l'objet de la réunion (1); — ou s'ils sont d'un âge tellement avancé qu'ils puissent être réputés dans l'impossibilité de s'y rendre (2).

734. — Il a été également jugé que les délibérations prises par un conseil de famille *n'étaient pas nulles*, par cela seul que le conseil n'a pas été composé des *parents les plus proches* du mineur, si le choix qu'on en a fait ne présente aucun caractère de *fraude* (décision qui a lieu principalement lorsque le conseil a été convoqué d'office) (3), lors même que la délibération ne fait pas mention de la cause pour laquelle les parents les plus proches des mineurs n'y ont pas été appelés (4).

735. — Il a même été décidé en *principe* que l'inobservation de la disposition de l'art. 407 du Code civil, indicative des parents qui doivent être appelés pour la composition des conseils de famille, n'entraîne pas nécessairement nullité et que la loi laisse à la sagesse et à la prudence des juges le soin d'apprécier les circonstances particulières qui peuvent *excuser* l'irrégularité commise (5).

(1) Cass. rej. 3 mai 1842 (Bernier); S.-V. 42, 1, 493; D. p. 42, 1, 283. — (2) Cass. rej. 3 mai 1842 *(id)*. — (3) Turin, 10 avril 1811 (Durletti); S.-V. 12, 2, 281; C. n. 3, 2, 472; J. G. 12, 713. — (4) Turin, 5 mai 1810 (Passero); S.-V. 11, 2, 37; C. n. 3, 2, 472. — (5) TOULLIER, t. I, n° 1111 et 1119; — MARCHAND, *Code de la Minorité* ; — MARCADÉ, sur l'art. 407 ; — FREMINVILLE, *Minorité en Tutelle*, t. 1, n° 85 ; — DEMOLOMBE, t. 7, n° 328-334 ; — Pau, 28 mars 1822 (Maze); C. n. 7, 2, 50 ; — Riom, 25 novembre 1828 (Parra); S.-V. 29, 2, 118; C. n. 9, 2, 158; D. p. 29, 2, 144 ; — Cass. rej., 30 avril 1834 (Roulet); S.-V. 34, 1, 444; D. p. 34, 1, 340; — Grenoble, 4 juin 1836 (Brachet); S.-V. 37, 2, 109; D. p. 37, 2, 121 ; — Paris, 13 octobre 1836 (N...); S.-V. 37, 2, 110; — Colmar, 14 juillet 1836 (Baur); S -V. 37, 2, 231 ; — D. p. 37, 2, 179 ; P. 37, 2, 434 ; — Cass. rej., 3 avril 1838 (Ber-

736. — Nota. — La disposition du Code civil qui veut que le conseil de famille soit composé de six parents ou alliés, moitié du côté paternel, moitié dans la ligne maternelle, n'est pas applicable si le mineur est *un enfant naturel.* N'ayant, dans ce cas, d'autres parents que ses père et mère, le conseil de famille doit être exclusivement composé d'*amis* (1).

737. — Dans la composition d'un conseil de famille les *frères germains* peuvent indifféremment être mis au nombre des parents paternels et maternels (2).

738. — Il a été jugé également que des parents ne peuvent être exclus du conseil de famille, en raison de cette circonstance qu'ils appartiennent aux deux lignes paternelle et maternelle. Les frères *germains* du mineur (ou de l'interdit), et les maris des sœurs germaines et leurs descendants peuvent composer à eux seuls le conseil de famille, s'ils sont en nombre suffisant (3).

739. — Cependant on a décidé que lorsqu'il n'y a pas sur les lieux ou à la distance déterminée par l'article 407 du Code civil, de parents appartenant à l'une des deux lignes, on doit, pour les remplacer au conseil de famille appeler des amis, alors même qu'il existerait des neveux, l'exception introduite par l'article 408 du Code civil

nard) ; S.-V. 38, 1, 368 ; D. p. 38, 1, 163 ; P. 38, 1, 451 ; — Douai, 1ᵉʳ août 1838 (Boitchon) ; S.-V. 40, 2. 21 ; D. p. 40, 2, 47 ; P. 40, 1, 643 ; — Agen, 18 février 1841 (Sauvage) ; S.-V. 48, 1, 177 ; D. p. 41, 2, 158 ; P. 41, 1, 649.

(1) Toullier. t. 2, nᵘ 1113 ; Merlin, Rép. vᵒ *Cons. de la fam.*, nᵒ 2 ; — Favard, t. 5 ; — Cass. 3 sept. 1808 (Duston) ; S.-V. 6, 1, 406. — (2) Merlin, *Rép.* vᵒ *Tutelle*, sect. 2, § 3, art. 3, nᵒ 7 *bis* ; — Demolombe, t. 7, nᵒ 257 ; — Cass. 10 août 1815 (Contrastin) ; S.-V. 15, 1, 411 ; C. n. 5, 1, 89. — (3) Cass. rej. 16 juillet 1810 (Chapuis) ; S.-V. 10, 1, 355 ; C. n. 3, 1, 214 ; — J. G. 12, 716.

en faveur des frères germains ne s'étendant pas à leurs enfants (1).

740. — Lorsque les parents les plus proches du mineur ne se sont pas rendus, sur une première convocation, pour composer le conseil de famille, le juge de paix, qui en a convoqué de plus éloignés, peut encore rappeler les premiers, s'il le juge à propos, et si les uns et les autres comparaissent, les plus éloignés doivent être exclus de la délibération (2).

741. — Le *mari*, ayant des enfants de son épouse décédée, peut être membre du conseil de famille. Il reste allié des membres de la famille de sa première femme, encore que, en se remariant il se soit aussi allié à une famille étrangère (3).

742. — Décidé même qu'un beau-frère, veuf sans enfants, ne cesse pas d'être l'*allié* de sa belle-sœur, et qu'il doit concourir, de préférence à un ami, à la formation d'un conseil de famille appelé à donner son avis sur l'*interdiction* de cette dernière (4).

743. — Ce n'est qu'à défaut de parents que des *amis* peuvent être membres d'un conseil de famille (5). Il y a donc nullité de la délibération du conseil de famille auquel ont été appelés des amis, alors qu'il y avait des

(1) Colmar, 14 juillet 1836 (Baur); S.-V. 37, 2. 231 ; D. p. 37, 2, 179; P. 37, 2, 434. — (2) Paris, 7 floréal an XIII (Delespinay) : C. n. 2, 2, 434. — (3) Cass.. 17 juillet 1810 (Chapain), v° *suprà*. — (4) DURANTON, t. 3, n° 457 ; — DEMOLOMBE, t. 7, n° 255; — Cass. 24 février 1825 (Roberjot) ; S.-V. 25, 1, 273; C. n. 81, 58; D. p. 25, 1, 119. — (5) Paris, 26 pluviôse an XI (Brisson); S,-V, 3, 2, 469; C. n. 1, 2, 114; — J. G. 12, 714.

parents domiciliés à la distance légale, ou auquel ont été appelés des amis, domiciliés hors de la commune (1); — Par suite le jugement qui, en vertu d'une telle délibération, nomme un *conseil judiciaire,* est nul (2).

744. — Il a été cependant jugé que la délibération d'un conseil de famille à laquelle aurait concouru un *ami*, quoiqu'il y eût des parents dans le rayon de deux myriamètres, n'est pas une cause nécessaire de nullité, s'il est établi que l'on a agi de bonne foi (3).

Le choix des *amis* nécessaires pour compléter un conseil de famille appartient d'ailleurs à l'appréciation souveraine du juge (4) et réclame un soin tout particulier.

745. — Des amis ne peuvent être admis dans un conseil de famille par préférence à des parents qui demandent à en faire partie, bien qu'ils soient domiciliés hors du périmètre légal (5) ; — Cependant il a été jugé en sens contraire que lorsque le juge de paix s'est conformé, pour la composition du conseil de famille, à l'article 407 du Code civil, il ne peut pas être contraint par des parents plus proches, mais domiciliés hors du rayon déterminé par cet article de les admettre au conseil de famille (6).

(1) Montpellier, 12 mars 1833 (R.....) ; S.-V. 34, 2, 42; D. p. 2, 315; — Cass. 19 août 1850 (Boisgontier); S.-V. 50, 1, 644 ; — Chambéry, 13 janvier 1879.— (2) Cass. 19 août 1850 (Boisgontier), v. *suprà.* — (3) Montpellier , 12 mars 1833 (R.....); v. *suprà.* — Aix, 9 mai 1846 (Sicard); S.-V. 46, 2, 580; D. p. 46, 2, 171; — P. 46, 2, 612. — (4) Douai, 13 février 1844 (Leclercq); S.-V. 45, 2, 79; D. p. 45, 1, 65, 2, 152; P. 46. — (5) TOULLIER, t. 7, n° 1112; — Besançon, 2 août 1808 (Feliker); S.-V, 7, 2, 865; C. n. 2, 2, 432; J. G. 12, 715. — (6) DURANTON, t. 3, n° 462 ; — DEMOLOMBE, t. 7, n° 274; — Rouen, 29 novembre 1816 (Dupré); S.-V. 17, 2, 76; C. n. 5, 2, 208.

746. — Les règles établies par les articles 407 et suivants du Code civil pour la formation du conseil de famille appelé à nommer un tuteur, sont applicables au cas de nomination d'un tuteur *ad hoc*, tel par exemple que celui dont il est nécessaire de pourvoir l'enfant contre lequel est dirigé un désaveu (1).

747. — La *nullité* résultant de l'inobservation des dispositions de l'article 407 du Code civil (lorsqu'elle existe), étant *d'ordre public* ne peut être couverte par l'acquiescement des parties (2).

INCAPACITÉ EXCLUSION DES CONSEILS DE FAMILLE.

748. — Ne peuvent être tuteurs, ni membres des conseils de famille.

1° Les mineurs, excepté le père ou la mère ;

2° Les interdits ;

3° Les femmes, autres que la mère et les ascendantes ;

4° Tous ceux qui ont ou dont les père et mère ont avec le mineur un procès dans lequel l'état de ce mineur, sa fortune, ou une partie notable de ses biens, sont compromis.

(*Code civil*, art 442.)

749. — Tout individu qui aura été exclu ou desti-

---

(1) Montpellier, 12 mars 1833 (R...); S.-V. 34, 2, 42; D. p. 33, 2, 215. — (2) Angers, 29 mars 1821 (Delelée); S.-V. 21, 2, 260; C. n. 6, 2, 395; J. G. 12, 712.

tué d'une tutelle, ne pourra être membre d'un conseil de famille.

(*Code civil*, art. 445.)

La dégradation civique entraîne :

..... 4° ... l'incapacité de faire partie d'aucun conseil de famille.....

(*Code pénal*, art. 34.)

La condamnation à la peine des travaux forcés à temps, de la détention, de la réclusion ou du bannissement, emportera la dégradation civique. La dégradation civique sera encourue du jour où la condamnation sera devenue irrévocable, et, en cas de condamnation par contumace, du jour de l'exécution par effigie.

(*Code pénal*, art. 28).

Les tribunaux jugeant correctionnellement pourront, dans certains cas, interdire, en tout ou en partie, l'exercice des droits de famille..... 5° de vote et de suffrage dans les délibérations de famille.....

(*Code pénal*, art. 42.)

750. — Ces causes *d'incapacité* et *d'exclusion* sont les seules qui peuvent être admises à l'encontre d'un membre des conseils de famille, car les articles 442 et 445 du Code civil ne sont pas *démonstratifs*, mais *limitatifs* et doivent être pris à la lettre (1).

____

(1) Toullier, t. 2, n° 1169 et 1171; — Merlin, *rép.* v° *Tutelle*, sect. 2, § 3, art. 3, n° 7; — Favard; — Chardon, *Puis-*

751. — Décidé qu'un conseil de famille ne peut prononcer l'*exclusion* des parents, sous des prétextes de moralité ; il ne le peut que lorsqu'il y a incapacité prononcée par la loi (1).

752. — Les individus pourvus d'un *conseil judiciaire* sont capables de faire partie d'un conseil de famille ; ils ne sont pas assimilés aux interdits et atteints par l'incapacité qui frappe ces derniers (2).

753. — Le *subrogé tuteur* peut être membre du conseil de famille, alors que la matière en délibération, les intérêts du mineur et ceux du subrogé tuteur ne sont pas opposés (3).

754. — De même le *subrogé tuteur* ou un parent qui provoque la destitution du tuteur, peut valablement faire partie du conseil de famille qui doit délibérer sur sa demande (4).

755. — Les membres d'un conseil de famille ne sont pas *récusables* ou exclus par cela seul qu'ils ont précédemment émis leur avis sur l'objet de la délibération ; ce motif de récusation contre les juges n'est pas un motif d'exclusion contre les membres d'un conseil de famille (5).

sance tutélaire, n° 306 ; — MARCADÉ, sur l'art. 442 ; — FREMINVILLE, t. 1, n° 93 ; — Cass. 13 octobre 1807 (Dasnières) ; S.-V. 7, 1, 473 ; C. n. 2, 1, 437 ; — Caen, 15 janvier 1811 (Pierrepont) ; S.-V. 12, 2, 206 ; C. n. 3, 2, 394.

(1) Besançon, 26 août 1808 (Feliker) ; S.-V. 7, 2, 865. — (2) Cass. rej. 21 novembre 1848 (Jhehberlein) ; S. V. 48, 1, 677 ; D. p. 48, 1, 230. — (3) Cass. 3 septembre 1806 (Douston) S.-V. 6, 1, 409 ; C n. 2, 1, 285 ; J. G. 8, 646. — (4) TOULLIER, t. 2, 1135 ; — Rouen, 17 novembre 1810 (Epandri) ; S.-V, 11, 2, 86 ; C. n. 3, 2, 358. — (5) TOULLIER, t. 2, n° 1169 ; — Paris, 7 floréal an XIII (Delespinay) ; C. n. 2, 2, 43 ; — Paris, 27 janvier 1820 (Pinceloup) ; S.-V, 20, 2, 293 ; C. n, 6.

756. — La mère qui a *perdu* la tutelle par le défaut de convocation du conseil de famille, en cas de convol n'est pas réputée *exclue* ou *destituée* d'une tutelle dans le sens de l'article 445 du Code civil et peut faire partie d'un conseil de famille (1). Mais cette opinion est controversé (2).

757. — Toute délibération du conseil de famille à laquelle a concouru la partie *adverse* du mineur, fut-ce son frère, est irrégulière et nulle.

Mais le partage de communauté ou de succession que les parents du mineur ont à faire avec lui n'est pas un *procès* dans le sens de l'article 445, qui rend ces parents incapables de faire partie du conseil de famille (3).

758. — Il a été jugé que l'état de *faillite* du père était une cause *d'exclusion* de la tutelle (4). Cette décision nous paraît trop rigoureuse, car la privation du droit d'être membre d'un conseil de famille est considérée par le Code pénal (5), comme une peine correctionnelle que les tribunaux ne peuvent prononcer qu'autant qu'elle est formellement imposée par le législateur.

MODE ET FORME DE DÉLIBÉRATIONS.

759. — Les délibérations du conseil de famille doi-

(1) ZACHARIÆ, t. 1, § 93, n° 21 ; — Bruxelles, 30 mai 1810 (Côme); S.-V. 10, 2, 307 ; C. n. 3, 2, 283 ; D. p. 10, 2, 131. — (2) DELVINCOURT, sur l'article 445 ; – Aix, 9 mai 1840 (Sicard) S.-V. 46, 2, 612. — (3) Paris, 5 octobre 1809 (Lesselin); S.-V. 12. 2, 344 ; C. n. 3, 2, 1809. — (4) Dijon, 28 prairial an XII. — (5) C. pénal, art. 9 et 42 ; — *Sic*, Bruxelles, 14 août 1833.

vent, à peine de nullité, être prises à la *majorité absolue* des suffrages, et non à la majorité relative (1).

760. — De ce que l'article 415 autorise le conseil de famille à délibérer lorsque les *trois quarts* des parents convoqués sont réunis, il ne s'ensuit pas que le conseil de famille puisse se dispenser de remplacer un de ses membres qui, après avoir comparu, propose une excuse, la fait admettre et se retire (2).

761. — Mais il n'est pas nécessaire pour la validité des délibérations que les trois quarts des membres convoqués y aient *concouru*, il suffit que les trois-quarts y aient été *présents*, et que la *majorité absolue* ait délibéré, si cette majorité a été unanime (3).

762. — La délibération est nulle lorsque les membres qui l'ont prise, n'étaient qu'au nombre de *cinq* y compris le juge de paix (4).

763. — Néanmoins, lorsque la veuve qui veut se remarier a été appelée au nombre des six parents dont la convocation est nécessaire pour la composition du conseil de famille qui doit décider si elle conservera la tutelle de ses enfants, et qu'elle s'est *abstenue* de voter

(1) DURANTON, t. 3, n° 466 ; — MAILHER DE CHASSAT, *Rép. du notariat*; — ROLLAND DE VILLARGUES, v° *Conseil de famille ;* — DELVINCOURT, t. 1; — FAVARD, v° *Tutelle,* § 4, n° 6; — DEMOLOMBE, n° 313 et suiv. — Metz. 16 février 1812 (Bruyère) ; S.-V. 12, 2, 346; C, n, 4, 2, 38 ; — Aix, 10 mars 1840 (Imbert) ; S. V. 40, 1, 346; D. p. 40, 2, 239. — (2) Agen, 26 mars 1810 (Gardy) ; — DEMOLOMBE, n° 304; S.-V. 7, 2, 857; C. n. 3, 2, 239. — (3) Bruxelles, 15 mars 1806 (Morgat); S.-V. 7, 2, 866 ; C. n. 2, 2, 123; — DURANTON, t. 3, n° 456; — DEMOLOMBE, n° 305. — (4) Rennes, 9 février 1813 (Cadour) ; C, n. 4, 2, 254.

comme elle devait le faire, la délibération est valablement prise par les cinq autres réunis au juge de paix (1).

764. — L'obligation imposée aux conseils de famille
par l'article 883 du Code de procédure civile, de *mentionner* dans le procès-verbal l'avis de chaque membre,
lorsque la délibération n'est pas unanime, emporte obligation d'indiquer les motifs d'après lesquels chacun
d'eux s'est décidé (2).

Mais cette règle n'est applicable qu'aux délibérations
qui doivent être soumises à l'homologation du tribunal (3).

765. — L'insertion des *motifs* n'est pas nécessaire
dans l'avis du conseil de famille qui, en cas de séparation de corps, attribue à la mère, à l'exclusion du père
la garde de ses enfants. On ne peut appliquer dans ce
cas l'article 447 du Code civil, qui veut que toute délibération du conseil de famille prononçant l'exclusion où la
destitution du tuteur soit motivée (4).

766. — Il en est de même de la délibération portant
qu'une mère qui se remarie ne doit pas conserver la
tutelle de ses enfants (5) ;

Egalement de la délibération qui autorise le tuteur ou
le mineur émancipé à renoncer à une succession (6).

767. — Le *juge de paix*, présidant un conseil de

---

(1) Bordeaux, 17 août 1825 (Letanneur) ; C. n. 8, 2, 128. —
(2) Bourges, 8 juin 1813 (Bompart) ; C. n. 4, 2. 323. — (3) Metz,
16 février 1807 (Bruyère) ; C. n. 4, 2, 38. — (4) Paris. 11 décembre 1821 (Ducayla) ; S.-V. 22, 2, 161. — (5) Cass. 17
novembre 1813 (Menesson) ; S.-V. 14, 1, 474 ; C. n. 4, 1, 468.
— (6) Toulouse, 5 juin 1829 (Delhoy) ; D. p. 29, 2, 252.

famille, doit, comme tout membre, donner son avis (1),
— il doit aussi le motiver (2), — mais il a pleinement
satisfait à l'obligation de donner son avis lorsqu'il a déclaré dans le conseil que les renseignements fournis sur
l'objet de la délibération ne lui paraissaient pas suffisants (3).

768. — Est nulle la délibération à laquelle le juge
de paix n'a pas *participé* par son vote (4).

Mais la mention au procès-verbal d'une assemblée
d'un conseil de famille, que la délibération a été rendue
à l'unanimité des membres, exprime suffisamment que
le juge de paix qui a présidé ce conseil a pris part au
vote (5).

769. — Le juge de paix ne peut pas *présider* le
conseil de famille, lorsqu'il est le parent de celui à l'é-
gard duquel on doit statuer (6).

770. — Dans un conseil de famille le juge de paix
intervient en qualité de juge et sous ce rapport sa compétence est *consommée* lorsqu'il a connu une fois du
fond de la délibération ; et lorsque la délibération, à
laquelle il a déjà pris part a été annulée, le fond ne peut
plus être soulevé à nouveau à une assemblée convoquée
et présidée par lui (7).

---

(1) Grenoble, 13 décembre 1845 (Messirel) ; S.-V. 46. 2, 429
— (2) Lyon, 13 mars 1845 (Anier) ; P. 46, 2, 416. — (3) Grenoble, 18 décembre 1845 (Messirel). — (4) Metz, 23 ventôse an XIII
(N...); C. n. 2, 2, 34; — Bordeaux, 21 juillet 1808 (Palant);
C. n. 2, 2, 418; — Metz, 6 août 1818 (Martini); C. n. 5, 2, 412.
— (5) Paris, 21 août 1841 (Lefebvre); P. 41, 2, 405. — (6) Bourges, 2 fructidor an XIII (Maillet) ; C. n. 2, 2, 83. — (7) Cass.
rej. 30 décembre 1840 (Massenat); S.-V. 41, 1, 171; D. p. 41.
1, 62.

771. — Les greffiers des justices de paix, dépositaires de la minute des délibérations des conseils de famille, ne sont pas obligés d'en délivrer *expédition* à tous requérants qui ne justifient d'aucun intérêt particulier de nature à rendre utiles les expéditions par eux requises.

772. — Quand les membres du conseil de famille sont réunis en nombre suffisant (cinq qui sont les trois quarts de sept, le juge de paix compris), chez leur président (ou dans le local par lui désigné), ce magistrat, ou la partie requérante expose les motifs de la convocation. Chaque membre qui veut discuter, rejeter ou approuver la proposition est libre et les autres membres peuvent lui répondre. On passe ensuite à la délibération et les voix sont recueillies par le président qui en proclame le résultat devant le conseil.

773. — Le juge de paix a dans le conseil voix délibérative comme les autres membres, il a de plus voix *prépondérante en cas de partage*.

Mais quand y a-t-il *partage* ? Est-ce seulement lorsqu'il s'est formé deux opinions ayant chacune un nombre *égal* de voix? Faut-il dire, au contraire, qu'il y a partage toutes les fois que le conseil se divise en plusieurs opinions ayant un nombre égal ou inégal de voix pour chacune d'elles? En d'autres termes, les déclarations se prennent-elles à la majorité *absolue* ou à la majorité *relative?*

774. — Selon nous, il y a *partage* toutes les fois que le conseil s'est divisé en plusieurs opinions, avec un nombre égal ou inégal de voix pour chacune d'elles. Parmi ces opinions celle-là l'emporte qui a pour elle la *majorité* relative, c'est-à-dire qui, considérée isolément, se trouve la plus forte. (1) Soit, sur sept membres, y compris le juge de paix, trois opinions, avec trois voix pour la première, deux pour la seconde, et trois pour la troisième : c'est la première qui l'emporte ; car relativement à chacune des deux autres considérées isolément c'est celle qui est la plus forte. — Supposons, maintenant pour la première opinion trois voix (parmi lesquelles se trouve celle du juge de paix), trois voix pour la seconde, et une pour la dernière ; c'est la première qui l'emporte, car elle est *relativement* la plus forte puisqu'elle a pour elle la voix du juge de paix qui est *prépondérante*.

775. — D'excellents auteurs (2) exigent la majorité *absolue* des suffrages pour former la délibération des conseils de famille. A cette occasion nous ferons remarquer qu'il est des cas où elle ne pourrait s'appliquer. Oui, si le conseil de famille se composait toujours de six membres, plus le juge de paix. Mais s'il ne comptait que cinq membres, comment concevoir un partaqe égal autrement qu'en leur adjoignant le juge de paix en leur accordant un *double* vote, que le législateur ne lui donne pas, tandis qu'il l'accorde *formellement* aux membres des tribunaux où la voix du président est prépondérante, en ce sens que dans le cas où la balance est devenue *égale* entre *deux* opinions, sa voix pèse d'un plus grand poids et fait pencher la balance du côté où elle se place.

776 — Mais si la délibération était *empêchée* par un membre convoqué qui, après avoir comparu, *refuserait*

---

(1) Toullier, t. 2, n° 1121 ; — Proudhon, t. 2 ; Zachariæ, t. 1. — (2) Duranton, t. 3, n° 466. — Valette, sur Proudhon ; — Marcadé. sur l'article 416 ; — Ducaurroy, Bonnier et Roustan sur le même article — Demolombe, t. 7, n° 314. — Favard de Langlade, v° *Tutelle,* § 4, n° 6 ; — Rolland de Villargues, v° *Conseil de famille,* n° 16.

de voter, ce dernier ne serait pourtant pas passible de l'amende, parce que les peines ne se suppléent pas, qu'elles ne peuvent s'appliquer d'un cas à un autre, et qu'il ne faut pas assimiler le refus de délibérer dans un conseil de famille au refus d'y *comparaître* sans excuse légitime (1).

777. — Cependant, si par le refus de voter, le conseil de famille ne se trouve pas en nombre pour délibérer, il serait indispensable de faire *remplacer* les refusants, ou d'*ajourner* le conseil, suivant les circonstances.

« Le juge de paix (2) *seul* a mission de *composer* le conseil de famille, et il lui appartient d'*apprécier* les difficultés de *fait* auxquelles cette opération donne lieu; tandis que les questions de dispense, d'incapacité ou d'exclusion doivent être tranchées par le conseil de famille (3). Si l'un des membres de la famille soutient que la composition est *irrégulière*, il ne pourra le faire réformer qu'en même temps que la délibération. Il attaquera cette délibération pour vice de forme, basé sur l'irrégularité de la délibération prise par le conseil dont elle émane, et alors le tribunal civil sera compétent pour apprécier la contestation. C'est là, dit-on, ce qui résulte de la combinaison des art. 883, 887 et 889 du Code de procédure qui réglent le mode de recours contre les délibérations sans parler des incidents relatifs aux conseils de famille en état de formation (4).

(1) Cass. 10 décembre 1828. — (2) N. Le Senne, *Conseils de famille.* — (3) C. Civ. art. 440, 447, 448. — (4) Laurent, *Principes du Droit civil*, 4, nᵒ 416; *Annales des justices de paix*, 1878, p. 252; — Demolombe, 7, nᵒ 276; — Aubry et Rau sur Zachariæ, 1, p. 384 et 385, notes 14 et 16; — Loi des 16-24 août 1790, t. 3, art. 11 ; — Montpellier, 9 prairial an XIII; — Lyon, 11 juillet 1853 ; — Douai, 4 juillet 1855; — Caen, 31 juillet 1856 ; — Tr. Seine, 24 février 1865, (*Gaz. des Trib.*, 27 et *28 février*); — Bordeaux, 13 juillet 1877.

« Cette doctrine admise à l'unanimité repose sur cette considération, « que s'il en était autrement, et si les difficultés qui s'élèvent relativement à la convocation du conseil de famille, devaient, du premier abord, être soumises à la décision des tribunaux, la réunion du conseil pourrait toujours être entravée à dessein, au grand préjudice des intérêts du mineur et de ceux qui ont besoin de surveiller, et la loi manquerait ainsi entièrement le but qu'on s'était proposé par cette institution (1).

« Mais cette doctrine est-elle à l'abri d'objections? Voyons. D'abord, quant au retard que l'on veut éviter, on peut répondre qu'il se retrouve subsidiairement dans le recours en justice que le membre opposant pourra porter contre la délibération prise. Supposons qu'il y ait doute sérieux sur le domicile de la tutelle, que le juge de paix ne se croie pas compétent, ce magistrat va se trouver contraint de convoquer le conseil de famille sur la réquisition expresse d'un parent, de le composer, de le réunir. Ou bien supposons qu'il y ait doute sur l'*état civil, la parenté ou l'alliance* de quelques membres, il faudra que le juge de paix tranche la question. Ne serait-il pas plus rationnel et plus juridique, en l'absence de texte formel qui s'explique, de lui reconnaître la faculté de consulter le conseil, ou bien de renvoyer *de plano*, devant le tribunal, selon qu'il verrait là un point de fait ou un point de droit? Ainsi me paraît l'avoir décidé fort justement la Cour de Paris, par arrêt du 31 août 1879, dans une espèce où, s'agissant de la nationalité étrangère d'un parent, le juge de paix avait renvoyé préalablement la question devant le tribunal d'arrondissement.

« Un conseil de famille une fois formé selon les règles du droit commun, constitue-t-il un corps permanent,

____

(1) Bruxelles, 23 juin 1827.

immuable et invariable, tel qu'il ne puisse être modifié
en aucune circonstance. Cette immobilité, incontestable-
ment, n'est pas de l'essence du conseil de famille, puisqu'il faudra nécessairement y appeler de nouveaux
membres en cas de décès ou d'incapacité de quelque
membre primitif. Aussi je m'empresse de répondre qu'à
chaque réunion nouvelle il y aura lieu de réviser la
composition et de substituer à d'anciens membres non
nécessaires des membres indiqués par la loi comme
nécessaires, tels qu'un frère germain devenu majeur,
l'époux d'une sœur germaine récemment mariée; tandis
qu'il sera facultatif au juge de paix de ne pas admettre
d'autres parents, quoique plus proches en degré ou
plus voisins par habitation.

« De même, la loi ne défend pas de transférer d'une
ligne à l'autre un parent ou allié appartenant aux deux
lignes; ainsi un frère germain, qui, lors d'une précédente assemblée, était rangé parmi les membres de la
ligne paternelle, pourra être placé comme membre de
la ligne maternelle dans une nouvelle assemblée. Néanmoins il est bon d'éviter cette transposition.

« De là, je conclus que, sans être immuable, un conseil de famille une fois composé a besoin de stabilité
dans l'intérêt même du mineur et pour la bonne administration de la tutelle ; qu'il importe de n'y toucher que
pour le mettre en harmonie avec les règles impératives
de la loi ; qu'en dehors de là, le juge de paix doit la défendre encore contre tout changement dont l'utilité ne
lui serait pas bien démontrée (1).

(1) Demolombe, 7, n° 278 ; — Zachariæ, Massé et Vergé,
1, § 200, note 3 ; — Bordeaux, 9 juin 1853; S.-V. 64, 2, 9; —
Rouen, 9 décembre 1854.

HOMOLOGATION DES DÉLIBÉRATIONS.

778. — Il est certains actes pour lesquels la loi exige tout à la fois l'autorisation du conseil de famille et l'*homologation* du tribunal de première instance.

Le tuteur a besoin de l'une et de l'autre : 1º pour *emprunter* ; 2º pour *hypothéquer* ; 3º pour *aliéner* les immeubles ; 4º pour *transiger*.

779. — Le tuteur, même le père ou la mère, ne peut emprunter pour le mineur, ni aliéner, ou hypothéquer ses biens immeubles, sans y être autorisé par un conseil de famille. — Cette autorisation ne devra être accordée que pour cause d'une nécessité absolue, ou d'un avantage évident. — Dans le premier cas, le conseil n'accordera son autorisation qu'après qu'il aura été constaté, par un compte sommaire présenté par le tuteur, que les deniers, effets mobiliers et revenus du mineur sont insuffisants. — Le conseil de famille indiquera, dans tous les cas, les immeubles qui devront être vendus de préférence, et toutes les conditions qu'il jugera utiles.

(Code civil, art. 457.)

Les délibérations du conseil de famille relatives à cet objet, ne seront exécutoires qu'après que le tuteur en aura demandé et obtenu l'homologation devant le tribunal de première instance, qui y statuera en la chambre du conseil, et après avoir entendu le procureur de la République.

(Code civil, art. 458.)

10

Le tuteur ne pourra transiger au nom du mineur, qu'après y avoir été autorisé par le conseil de famille, et de l'avis de trois jurisconsultes désignés par le tribunal de première instance. — La transaction ne sera valable qu'autant qu'elle aura été homologuée par le tribunal de première instance, après avoir entendu le procureur de la République.

(Code civil, art. 467.)

Dans tous les cas où il s'agit d'une délibération sujette à homologation, une expédition de la délibération sera présentée au président, lequel, par ordonnance au bas de ladite délibération, ordonnera la communication au ministère public, et commettra un juge pour en faire le rapport à un jour indiqué.

(C. de pr. civ., art. 885.)

Le procureur de la République donnera ses conclusions au bas de ladite ordonnance ; la minute du jugement d'homologation sera mise à la suite desdites conclusions, sur le même cahier.

(C. de pr. civ., art. 886.)

Si le tuteur, ou autre chargé de poursuivre l'homologation, ne le fait dans le délai fixé par la délibération, ou, à défaut de fixation, dans le délai de quinzaine, un des membres de l'assemblée pourra poursuivre l'homologation contre le tuteur, et aux frais de celui-ci, sans répétition.

(*C. de pr. civ.* art. 887.)

Ceux des membres de l'assemblée qui croiront devoir s'opposer à l'homologation, le déclareront, par acte extra-judiciaire, à celui qui est chargé de la poursuivre ; et s'ils n'ont pas été appelés, ils pourront former opposition au jugement.

(*C. de pr. civ.*, art. 888.)

Les jugements rendus sur délibération du conseil de famille sont sujets à l'appel.

(*C. de pr. civ.*, art. 889.)

Il y a encore d'autres cas où l'*homologation* est nécessaire :
Si le tuteur réclame contre la délibération qui prononce son exclusion ou sa destitution de la tutelle.

Le subrogé tuteur poursuivra l'homologation de la délibération devant le tribunal de première instance, qui prononcera sauf l'appel. — Le tuteur exclu ou destitué peut lui-même, en ce cas, assigner le subrogé tuteur pour se faire déclarer maintenu en la tutelle.

(*Code civil*, art. 448.)

Les parents ou alliés qui auront requis la convocation, pourront intervenir dans la cause qui sera instruite et jugée comme affaire urgente.

(*Code civil*, art. 449.)

Le mineur émancipé ne pourra faire d'emprunts, sous aucun prétexte, sans une délibération du conseil de famille, homologuée par le tribunal de première instance, après avoir entendu le procureur de la République.

(Code civil, art. 483.)

Il ne pourra non plus vendre ni aliéner ses immeubles, ni faire aucun acte autre que ceux de pure administration, sans observer les formes prescrites au mineur non émancipé.....

(Code civil, art. 484.)

L'interdit est assimilé au mineur, pour sa personne et pour ses biens : les lois sur la tutelle des mineurs s'appliqueront à la tutelle des interdits.

(Code civil, art. 509.)

Lorsqu'il sera question du mariage de l'enfant d'un interdit, la dot, ou l'avancement d'hoirie, et les autres conventions matrimoniales, seront réglés par un avis du conseil de famille, homologué par le tribunal, sur les conclusions du procureur de la République.

(Code civil, art. 511.)

APPEL DES DÉLIBÉRATIONS.

780. — Toutes les fois que les délibérations du conseil de famille ne sont pas unanimes, l'avis de chacun des membres qui le composent sera mentionné dans le procès-verbal. Le tuteur, subrogé tuteur ou curateur, même les membres de l'assemblée, pourront se pourvoir contre la délibération; ils formeront leurs demandes contre les membres qui auront été de l'avis de la délibération, sans qu'il soit nécessaire d'appeler en conciliation.

(*C. de pr. civ.* art. 883.)

781. — La demande formée contre la délibération doit être dirigée contre les membres qui ont été d'avis de cette délibération, même dans le cas où l'attaque repose sur une *nullité de forme*.

782. — La demande en nullité d'une délibération de conseil de famille ne peut être dirigée contre le *juge de paix* qui a présidé l'assemblée, qu'avec l'autorisation qu'il est nécessaire d'obtenir pour mettre en cause un fonctionnaire de l'ordre judiciaire (1), c'est-à-dire par la *prise à partie* et lorsqu'il y aura dol et fraude de sa part (2). Mais de ce que ce magistrat ne peut être *intimé* sur le pourvoi, il ne s'en suit pas qu'il ne puisse se pourvoir lui-même ; sa qualité de membre du conseil de famille l'y autorise, et l'intérêt du mineur peut l'exiger impérieusement surtout dans les campagnes, où l'ignorance et les difficultés des formes judiciaires retiennent presque toujours les membres des conseils de famille, et favorisent la négligence ou les malversations des tuteurs.

783. — Les *frais* faits par un membre du conseil de famille qui s'est pourvu contre la délibération, même

____

(1) Cass. 29 juillet 1812. — (2) HAUTEFEUILLE ; — FAVARD DE LANGLADE ; — THOMINE-DESMASURES ; — DEMEAU-CROUZILHAC.

quand il succombe, sont passés en dépense d'administration, à moins qu'on ne puisse lui reprocher une
action sans aucun fondement, personnellement hostile
ou haîneuse, auquel cas les juges ont la *faculté* de déclarer qu'il supportera personnellement les dépens (1).

Quant au juge de paix, il ne pourrait nécessairement
dans aucun cas, supporter ces dépens; d'ailleurs, quand
un juge agit d'office, l'administration de l'enregistrement
fait l'avance de tous les frais, sauf recours (2).

ATTRIBUTIONS DES CONSEILS DE FAMILLE.

784. — 1°. — A) *En cas de minorité.*

Lorsqu'un enfant mineur et non émancipé restera
sans père ni mère, ni tuteur élu par ses père et
mère, ni ascendants mâles, comme aussi lorsque le
tuteur de l'une des qualités ci-dessus exprimées se
trouvera ou dans le cas des exclusions dont il sera
parlé ci-après, ou valablement excusé, il sera
pourvu, par un conseil de famille, à la nomination
d'un tuteur.

(*Code civil,* art. 405.)

Lors de l'entrée en exercice de toute tutelle, autre
que celle des père et mère, le conseil de famille réglera par aperçu, et selon l'importance des biens
régis, la somme à laquelle pourra s'élever la dé-

(1) Locré, t. 2 ; — Toullier, t. 2; — Thomine-Desmazures.
— (2) Instruction du Directeur général de l'enregistrement du
3 fructidor an XIII.

pense annuelle du mineur, ainsi que celle d'administration de ses biens.

Le même acte spécifiera si le tuteur est autorisé
à s'aider, dans sa gestion, d'un ou plusieurs administrateurs particuliers, salariés et gérant sous sa
responsabilité.

(Code civil, art. 454.)

Ce conseil déterminera positivement la somme à
laquelle commencera, pour le tuteur, l'obligation
d'employer l'excédant des revenus sur la dépense :
cet emploi devra être fait dans le délai de six mois,
passé lequel le tuteur devra les intérêts à défaut
d'emploi.

(Code civil, art. 455.)

Le tuteur, même le père ou la mère, ne peut
emprunter pour le mineur, ni aliéner ou hypothéquer ses biens immeubles, sans y être autorisé par
un conseil de famille.

Cette autorisation ne devra être accordée que
pour cause d'une nécessité absolue, ou d'un avantage évident.

Dans le premier cas, le conseil de famille n'accordera son autorisation qu'après qu'il aura été
constaté par compte sommaire présenté par le tuteur, que les deniers, effets mobiliers et revenus du
mineur sont insuffisants.

Le conseil de famille indiquera, dans tous les cas,

les immeubles qui devront être vendus de préférence, et toutes les conditions qu'il jugera utiles.

(Code civil, art. 457.)*

Les inscriptions ou promesses d'inscriptions au-
dessus de 50 francs de rente, appartenant à des
mineurs, ne pourront être vendues par les tuteurs ou
curateurs qu'avec l'autorisation du conseil de famille, et suivant le cours du jour, légalement constaté, dans tous les cas la vente peut s'effectuer
sans qu'il soit besoin d'affiche ni de publication.

(Loi du 24 mai 1806, art. 3, *abrogé)* (1).

Nota. — Ici, l'homologation n'est pas admise, même
si le conseil de famille en exprimait le désir.

Les tuteurs ou curateurs des mineurs ou interdits qui n'auraient en inscriptions ou promesses
d'inscription de 5 pour 100 consolidé qu'une rente
de 50 francs et au-dessous, en pourront faire le
transfert, sans qu'il soit besoin d'autorisation spéciale, ni d'affiche, ni de publication, mais seulement
d'après le cours constaté du jour et à la charge d'en
compter comme du produit des meubles.

(Loi de 1806, art. 1ᵉʳ, *abrogé.)*

Les mineurs émancipés qui n'auraient de même
en inscriptions ou promesses d'inscription qu'une

(1) Cette loi du 23 mars 1806 et le décret du 25 septembre
1813, cités ici pour mémoire ont été abrogés et remplacés par
la loi de novembre 1880.

rente de 50 francs et au-dessous pourront également les transférer avec la seule assistance de leurs curateurs et sans qu'il soit besoin d'avis de parents ou d'aucune autre autorisation.

(Loi de 1806, art. 29, abrogé.)

Les dispositions de cette loi du 24 mars 1806, relatives au transfert d'inscriptions de 5 pour 100 consolidé appartenant à des mineurs ou interdits, sont rendues applicables aux mineurs ou interdits, propriétaires d'actions de la Banque de France, toutes les fois qu'ils n'auront qu'une action ou un droit dans plusieurs actions n'excédant pas en totalité une action entière.

(Décret, 25 septembre 1813, art. 1ᵉʳ, abrogé.)

Le tuteur ne pourra accepter ni répudier une succession échue au mineur, sans une autorisation préalable du conseil de famille. L'acceptation n'aura lieu que sous bénéfice d'inventaire.

(Code civil, art. 461.)

Dans le cas où la succession répudiée au nom du mineur n'aurait pas été acceptée par un autre, elle pourra être reprise soit par le tuteur, autorisé à cet effet par une nouvelle délibération du conseil de famille, soit par le mineur devenu majeur, mais dans l'état où elle se trouvera lors de la reprise, et sans pouvoir attaquer les ventes et autres actes qui auraient été légalemenl faits durant la vacance.

(Code civil, art. 462.)

La donation faite au mineur ne pourra être acceptée par le tuteur qu'avec l'autorisation du conseil de famille.

Elle aura, à l'égard du mineur, le même effet qu'à l'égard du majeur.

(Code civil, art. 463.)

.... Néanmoins les père et mère du mineur émancipé ou non émancipé, ou les autres ascendants, même du vivant des père et mère, quoiqu'ils ne soient ni tuteurs ni curateurs du mineur, pourront accepter (une donation) pour lui.

(Code civil, art. 925.)

Aucun tuteur ne pourra introduire en justice une action relative aux droits immobiliers du mineur, ni acquiescer à une demande relative aux mêmes droits, sans l'autorisation du conseil de famille.

(Code civil, art. 464.)

La même autorisation sera nécessaire au tuteur pour provoquer un partage ; mais il pourra, sans cette autorisation, répondre à une demande en partage dirigée contre le mineur.

(Code civil, art. 465.)

Le tuteur ne pourra transiger au nom du mineur, qu'après y avoir été autorisé par le conseil de famille et de l'avis de trois jurisconsultes désignés par le procureur de la République près le tribunal de première instance.

La transaction ne sera valable qu'autant qu'elle aura été homologuée par le tribunal de première instance, apres avoir entendu le procureur de la République.

(Code civil, art. 467.)

Le tuteur qui aura des sujets de mécontentement graves sur la conduite du mineur, pourra porter ses plaintes à un conseil de famille, et, s'il y est autorisé par ce conseil, provoquer la réclusion du mineur, conformément à ce qui est statué à ce sujet au titre *de la Puissance paternelle*.

(Code civil, art. 468.)

B) *Attributions du conseil relatives au mineur émancipé.*

785.—Le mineur resté sans père ni mère pourra aussi, mais seulement à l'âge de dix-huit ans accomplis, être émancipé, si le conseil de famille l'en juge capable.

En ce cas, l'émancipation résultera de la délibération qui l'aura autorisée, et de la déclaration que le juge de paix, comme président du conseil de famille, aura faite dans le même acte *que le mineur est émancipé.*

(Code civil, art. 478.)

Le compte de tutelle sera rendu au mineur émancipé, assisté d'un curateur qui lui sera nommé par le conseil de famille.

(Code civil, art. 480.)

Le mineur émancipé ne pourra faire d'emprunts, sous aucun prétexte, sans une délibération du conseil de famille, homologuée par le tribunal de première instance, après avoir entendu le procureur de la République.

(Code civil, art. 483.)

Il ne pourra non plus ni vendre ni aliéner ses immeubles, ni faire aucun acte autre que ceux de pure administration, sans observer les formes prescrites au mineur non émancipé.

A l'égard des obligations qu'il aurait contractées par voie d'achat ou autrement, elles seront réductibles en cas d'excès : les tribunaux prendront, à ce sujet, en considération, la fortune du mineur, la bonne ou mauvaise foi des personnes qui auront contracté avec lui, l'utilité ou l'inutilité des dépenses.

(Code civil, art. 484.)

Tout mineur émancipé dont les engagements auraient été réduits en vertu de l'article précédent, pourra être privé du bénéfice de l'émancipation, laquelle lui sera retirée en suivant les mêmes formes que celles qui auront eu lieu pour la lui conférer.

(Code civil, art. 485.)

Tous mineur émancipé de l'un et de l'autre sexe, âgé de dix-huit ans accomplis, qui voudra profiter de la faculté que lui accorde l'article 487 du Code civil, de faire le commerce, ne pourra en commencer les opérations, ni être réputé majeur, quant aux engagements par lui contractés pour faits du commerce, 1° s'il n'a été préalablement autorisé par son père, ou par sa mère, en cas de décès, interdiction ou absence du père, ou à défaut du père et de la mère, par une délibération du conseil de famille, homologuée par le tribunal civil ; 2° si, en outre, l'acte d'autorisation n'a été enregistré et affiché au tribunal de commerce du lieu où le mineur veut établir son domicile.

(Code de commerce, art. 2.)

Observations.

(A) 1° Pour contracter un engagement volontaire, « l'engagé » doit, s'il entre dans l'armée de mer, avoir seize ans accomplis et s'il entre dans l'armée de terre, avoir dix-huit ans accomplis. En outre, s'il a moins de vingt ans, il doit justifier, s'il est émancipé, de l'autorisation du conseil de famille (1).

(1) L. 27 juillet 1872, art. 46.

Code des Tut. t. II.   11

2º Pour *l'engagement religieux*. — « Les congréga-
« tions hospitalières auront des noviciats en se confor-
« mant aux règles établies à ce sujet par leurs sta-
« tuts (1). — Les élèves ou novices ne pourront contrac-
« ter des vœux si elles n'ont seize ans accomplis. Les
« vœux des novices âgées de moins de vingt-un ans ne
« pourront être reçus que pour un an. Les novices se-
« ront tenues de présenter les consentements demandés
« pour contracter mariage par les articles 148, 149, 150,
« 159 et 160 du Code civil (2). — A l'âge de vingt-un ans
« les novices pourront s'engager pour cinq ans (3) ».-
D'où il suit que si la jeune fille n'a plus ni père ni mère,
ni aïeul ni aïeule, ou s'ils sont empêchés, doit obtenir le
consentement du conseil de famille. — Si la jeune fille
est enfant *naturel*, son conseil de famille doit lui choisir un tuteur *ad hoc*.

B) Dans un autre ordre d'idées, mais où l'acte futur
exige l'intervention de la famille, à propos de l'*inscription hypothécaire*, voyons ce qui se passe à propos de
l'émancipé.

1º *Mineur émancipé expressément*. — La loi du 10 juin
1853, « dispose que la signification d'un extrait de l'acte
« constitutif d'hypothèque au profit de la société de cré-
« dit foncier, doit être faite.... au mineur émancipé et
« à son curateur (4). » mais cette loi n'appelle pas l'intervention du conseil de famille pour délibérer s'il y a
lieu de prendre au nom de l'émancipé l'inscription de son
hypothèque *légale*, dont les causes ne sont pas encore
éteintes contre l'ex-tuteur.

B) Quant à la *femme mariée*, la loi lui confère une hy-

(1-2-3) Décr. 18 février 1809, *relatifs aux congrégations
ou maisons hospitalières de femmes*, (art. 6, 7, 8. — (4) L. 10
juin 1853, art. 19.

pothèque *légale* sur les biens de son mari (1). Elle permet aux futurs époux, tous deux majeurs, de convenir, dans le contrat de mariage, « qu'il ne sera pris d'inscription que sur un ou certains immeubles du mari », ce qui affranchit les autres biens (2).

« Pourra pareillement le mari, du consentement de sa
« femme, et après avoir pris l'avis des quatre plus pro-
« ches parents d'icelle réunis en assemblée de famille,
« demander que l'hypothèque générale sur tous ses im-
« meubles, par raison de sa dot, des reprises et conven-
« tions matrimoniales, soit restreinte aux immeubles
« suffisants pour la conservation entière des droits de
« la femme » (3). Cette assemblée de famille se tient sous la présidence du juge de paix, au domicile du mari.

Aussi, le tribunal ne pourrait plus restreindre l'hypothèque de la femme qui aurait subi une première restriction dans le contrat de mariage.

Le consentement de la femme est indispensable (4). Elle ne peut le donner qu'à sa majorité. Si elle est mineure, le mari doit attendre (5).

Ce consentement est *indivisible ;* la restriction ne peut être prononcée qu'aux conditions sous lesquelles la femme a consenti et sur lesquelles la famille a été appelée à donner son avis (6).

(1-2-3) Art. 2121, 2140, 2144 : — MASSÉ et VERGÉ sur ZACHARIÆ, 5, § 796, note 14. — (4) PERSIL, art. 2144, n° 2 ; — TROPLONG, 2, n° 641 ; — rej. 9 décembre 1824 et 13 février 1834 ; — Rouen, 27 avril 1844. — *Contrà,* — DURANTON, 20 n° 208 ; — D'HAUTHUILLE, *Révis. du rég. hypoth.*, p. 281; — Paris, 16 juillet 1813 et 23 avril 1813 ; — Nancy, 26 août 1825. — (5) DURANTON, 20, n° 67 ; — *Contrà,* PERSIL sur l'art. 2144, n° 4. — (6) Cass. 2 juin 1862 ; — Agen, 18 mars 1863.

D) *Attributions du conseil de famille en cas de choix
d'un tuteur par une mère remariée; — en cas de second
mariage de la mère, etc., etc.*

786. — Le droit individuel de choisir un tuteur
parent, ou même étranger, n'appartient qu'au
dernier mourant des père et mère.

(Code civil, art. 397.)

Lorsque la mère remariée, et maintenue dans la
tutelle, aura fait choix d'un tuteur aux enfants de
son premier mariage, ce choix ne sera valable
qu'autant qu'il sera confirmé par le conseil de
famille.

(Code civil, art. 400.)

Le sourd-muet qui saura écrire, pourra accepter
(une donation) lui-même ou par un fondé de
pouvoir.

S'il ne sait pas écrire, l'acceptation doit être faite
par un curateur nommé à cet effet, suivant les règles
établies au titre *de la Minorité, de la Tutelle et de
l'Emancipation.*

(Code civil, art. 936.)

Celui qui fera les dispositions autorisées par les
articles précédents, (donation entre vif ou testament) pourra, par le même acte, ou par un acte
postérieur, et en forme authentique, nommer un

tuteur chargé de l'exécution de ces dispositions : ce tuteur ne pourra être dispensé que pour une des causes exprimées à la section VI du chapitre II du titre *de la Minorité, de la Tutelle et de l'Emancipation.*

(*Code civil*, art. 1055.)

A défaut de ce tuteur, il en sera nommé un à la diligence du grevé, ou de son tuteur s'il est mineur, dans le délai d'un mois, à compter du jour du décès du donateur ou testateur, ou du jour que, depuis cette mort, l'acte contenant la disposition aura été connu.

(*Code civil*, art. 1056.)

Si, lors du décès du mari, la femme est enceinte, il sera nommé un curateur au ventre par le conseil de famille.

A la naissance de l'enfant, la mère en deviendra tutrice, et le curateur en sera de plein droit le subrogé tuteur.

(*Code civil*, art. 393.)

La mère n'est point tenue d'accepter la tutelle ; néanmoins, et en ce cas qu'elle la refuse, elle devra en remplir les devoirs jusqu'à ce qu'elle ait fait nommer un tuteur.

(*Code civil*, art. 394.)

Si la mère tutrice veut se remarier, elle devra, avant l'acte de mariage, convoquer le conseil de

famille qui décidera si la tutelle doit lui être conservée.

A défaut de cette convocation, elle perdra la
tutelle de plein droit ; et son nouveau mari sera
solidairement responsable de toutes les suites de
a tutelle qu'elle aura indûment conservée.

(Code civil, art. 395.)

Lorsque le conseil de famille dûment convoqué,
conservera la tutelle à la mère, il lui donnera nécessairement pour cotuteur le second mari, qui deviendra solidairement responsable avec sa femme,
de la gestion postérieure au mariage.

(Code civil, art. 396.)

E) *Attributions du conseil de famille en cas de réduction de l'inscription hypothécaire du mineur et de la
femme mariée.*

787. — Il en sera de même pour les immeubles
du tuteur, lorsque les parents, en conseil de famille,
(lors de sa nomination) auront été d'avis qu'il ne
soit pris d'inscription que sur certains immeubles.

(Code civil, art. 2144.)

Lorsque l'hypothèque n'aura pas été restreinte
par l'acte de nomination du tuteur, celui-ci pourra,
dans le cas où l'hypothèque générale sur ses immeubles excéderait notoirement les sûretés suffi-

santes pour sa gestion, demander que cette hypothèque soit restreinte aux immeubles suffisants
pour opérer une pleine garantie en faveur du
mineur.

La demande sera formée contre le subrogé
tuteur, et elle devra être précédée d'un avis du
conseil de famille.

(Code civil, art. 2143.)

Pourra pareillement le mari, du consentement
de sa femme, et après avoir pris l'avis des quatre
plus proches parents d'icelle, réunis en assemblée
de famille, demander que l'hypothèque générale
sur tous ses immeubles, pour raison de la dot, des
reprises et conventions matrimoniales, soit restreinte aux immeubles suffisants pour la conservation entière des droits de la femme.

(Code civil, art. 2144.)

F) *Attributions du conseil de famille en cas de poursuites en interdiction et de dation d'un conseil judiciaire.*

788. — Le tribunal (légalement saisi d'une
demande en interdiction) ordonnera que le conseil
de famille, formé selon le mode déterminé à la
section IV du chapitre II du titre *de la Minorité,
de la Tutelle et de l'Emancipation,* donne son avis

sur l'état de la personne dont l'interdiction est demandée.

(Code civil, art. 494.)

S'il n'y a pas d'appel du jugement d'interdiction rendu en première instance, ou s'il est confirmé sur l'appel, il sera pourvu à la nomination d'un tuteur et d'un subrogé tuteur à l'interdit, suivant les règles prescrites au titre *de la Minorité, de la Tutelle et de l'Emancipation*. L'administrateur provisoire cessera ses fonctions, et rendra compte au tuteur s'il ne l'est par lui-même.

(Code civil, art. 505.)

La femme peut être nommée tutrice de son mari. En ce cas, le conseil de famille réglera la forme et les conditions de l'administration, sauf le recours devant les tribunaux de la part de la femme qui se croirait lésée par l'arrêté de la famille.

(Code civil, art. 507.)

L'interdit est assimilé au mineur pour sa personne et pour ses biens : les lois sur la tutelle des mineurs s'appliquent à la tutelle des interdits.

(Code civil, art. 509.)

Les revenus d'un interdit doivent être essentiellement employés à adoucir son sort et à accélérer sa guérison. Selon les caractères de sa maladie (imbécillité, démence, fureur) et l'état de sa fortune, le conseil de famille pourra arrêter qu'il sera traité dans son domicile, ou qu'il sera placé dans une maison de santé, et même dans un hospice.

(*Code civil*, art. 510.)

Lorsqu'il sera question du mariage de l'enfant d'un interdit, la dot, ou l'avancement d'hoirie, et les autres conventions matrimoniales, seront réglés par un avis du conseil de famille, homologué par le tribunal, sur les conclusions du procureur de la République.

(*Code civil*, art. 511.)

L'interdiction cesse avec les causes qui l'ont déterminée : néanmoins la main-levée ne sera prononcée qu'en observant les formalités prescrites pour parvenir à l'interdiction, et l'interdit ne pourra reprendre l'exercice de ses droits qu'après le jugement de main-levée.

(*Code civil*, art. 512.)

Avant même que les médecins aient déclaré la guérison, toute personne placée dans un établissement d'aliénés cessera d'y être retenue, dès que la sortie sera requise par l'une des personnes ci-après désignées : 1° le curateur nommé à l'interdit, en vertu de l'article 38 de la même loi, outre l'administrateur provisoire ; 2° l'époux ou l'épouse ; 3° s'il n'y pas d'époux ou d'épouse, les ascendants ; 4° s'il n'y a pas d'ascendants, les descendants ;

5° la personne qui aura signé la demande d'admission. à moins qu'un parent n'ait déclaré s'opposer à ce qu'elle use de cette faculté sans l'assentiment du conseil de famille ; 6° toute personne à ce autorisée par le conseil de famille ; s'il résulte d'une opposition notifiée au chef de l'établissement par un ayant-droit qu'il y a dissentiment, soit entre les ascendants, soit entre les descendants, le conseil de famille prononcera.

(Loi des 30 juin, 6 juillet 1838, art. 14.)

Néanmoins si le médecin de l'établissement est d'avis que l'état mental du malade pourrait compromettre l'ordre public ou la sûreté des personnes, il en sera donné préalablement connaissance au maire, qui pourra ordonner immédiatement un sursis provisoire à la sortie, à la charge d'en référer, dans les vingt-quatre heures, au préfet. Ce sursis provisoire cessera de plein droit à l'expiration de la quinzaine si le préfet n'a pas, dans ce délai, donné d'ordres contraires. L'ordre du maire sera transcrit sur le registre spécial ordonné par l'article 12. — En cas de minorité ou d'interdiction, le tuteur pourra seul requérir la sortie.

(Art. 14 in fine.)

Sur la demande des parents, de l'époux ou de l'épouse, sur celle de la commission administrative ou sur la provocation, d'office, du procureur de la

République, le tribunal civil du lieu du domicile pourra, conformément à l'article 497 du Code civil, nommer, en chambre du conseil, un administrateur provisoire aux biens de toute personne interdite placée dans un établissement d'aliénés. Cette nomination n'aura lieu qu'après délibération du conseil de famille, et sur les conclusions du procureur de la République. Elle ne sera pas sujette à l'appel.

(Loi de 1838, art. 32.)

La défense (deux prodigues) de procéder sans l'assistance du conseil judiciaire peut être provoquée par ceux qui ont droit de demander l'interdiction (le conseil de famille le peut donc); leur demande doit être instruite et jugée de la même manière.

Cette défense ne peut être levée qu'en observant les mêmes formalités.

(Code civil, art. 514).

G) *Attributions en cas d'absence des père et mère. — Attributions relatives à l'enfant naturel. — Opposition au mariage d'un mineur. — Tuteur nommé en cas de désaveu d'un enfant.*

889. — Si le père a disparu laissant des enfants mineurs issus d'un commun mariage, la mère en aura la surveillance et elle exercera tous les droits du mari, quant à leur éducation et à l'administration de leurs biens.

(Code civil, art. 141.)

Six mois après la disparition du père, si la mère était décédée lors de cette disparition, ou si elle vient à décéder avant que l'absence du père ait été déclarée, la surveillance des enfants sera déférée, par le conseil de famille, aux ascendants les plus proches, et, à leur défaut, à un tuteur provisoire.

(Code civil, art. 142.)

Il en sera de même dans le cas où l'un des époux qui aura disparu, laissera des enfants mineurs issus d'un mariage précédent.

(Code civil, art. 143.)

L'enfant naturel qui n'a point été reconnu, et celui qui, après l'avoir été, a perdu ses père et mère, ou dont les père et mère ne peuvent manifester leur volonté, ne pourra, avant l'âge de vingt-un ans révolus, se marier qu'après avoir obtenu le consentement d'un tuteur ad hoc qui lui sera nommé (par un conseil de famille, composé d'amis).

(Code civil, art. 159.)

S'il n'y a ni père ni mère, ni aïeuls ni aïeules, ou s'ils se trouvent tous dans l'impossibilité de manifester leur volonté, les fils ou filles mineurs de vingt-un ans ne peuvent contracter mariage sans le consentement du conseil de famille.

(Code civil, art. 160.)

Le mineur habile à contracter mariage est habile à consentir toutes les conventions dont ce contrat est susceptible ; et les conventions et donations qu'il y a faites, sont valables, pourvu qu'il ait été assisté, dans le contrat, des personnes dont le consentement est nécessaire pour la validité du mariage.

(Code civil, art. 1398.)

A défaut d'aucun ascendant, le frère ou la sœur, l'oncle ou la tante, le cousin ou la cousine germains, majeurs, ne peuvent former aucune opposition (au mariage) que dans les deux cas suivants :

1° Lorsque le consentement du conseil de famille, requis par l'article 160, n'a pas été obtenu ;

2° Lorsque l'opposition est fondée sur l'état de démence du futur époux : cette opposition, dont le tribunal pourra prononcer main-levée pure et simple, ne sera jamais reçue qu'à la charge, par l'opposant, de provoquer l'interdiction, et d'y faire statuer dans le délai fixé par le jugement.

(Code civil, art. 174.)

Dans les deux cas prévus par le précédent article, le tuteur ou curateur ne pourra, pendant la durée de la tutelle ou curatelle, former opposition, qu'autant qu'il y aura été autorisé par le conseil de famille, qu'il pourra convoquer.

(Code civil, art. 175.)

Les enfants seront confiés à l'époux (séparé de corps) qui a obtenu la séparation, à moins que le tribunal, sur la demande de la famille, ou du ministère public, n'ordonne, pour le plus grand avantage des enfants, que tous ou quelques-uns d'entre eux seront confiés aux soins, soit de l'autre époux, soit d'une tierce personne.

(Code civil, art. 302.)

Tout acte extrajudiciaire contenant le désaveu de la part du mari ou de ses héritiers, sera comme non avenu, s'il n'est suivi, dans le délai d'un mois, d'une action en justice, dirigée contre un tuteur *ad hoc* donné à l'enfant, et en présence de sa mère.

(Code civil, art. 318.)

Tout individu âgé de plus de cinquante ans, et sans enfants ni descendants légitimes, qui voudra, durant la minorité d'un individu, se l'attacher par un titre légal, pourra devenir son tuteur officieux, en obtenant le consentement des père et mère de l'enfant, ou du survivant d'entre eux, ou, à leur défaut, d'un conseil de famille, ou enfin, si l'enfant n'a point de parents connus, en obtenant le consentement des administrateurs de l'hospice où il aura été recueilli, ou de la municipalité du lieu de sa résidence.

(Code civil, art. 361.)

H) *Des fonctions du conseil de famille dans l'admission des excuses, de l'exclusion ou de la destitution du tuteur.*

790. — Nous avons vu plus haut les causes qui dispensent de la tutelle.

Si le tuteur nommé est présent à la délibération qui lui défère la tutelle, il devra sur-le-champ, et sous peine d'être déclaré non recevable dans toute réclamation ultérieure, proposer ses excuses, sur lesquelles le conseil de famille délibérera.

(Code civil, art. 438.)

Lorsque la nomination d'un tuteur n'aura pas été faite en sa présence, elle lui sera notifiée, à la diligence du membre de l'assemblée qui aura été désigné par elle ; ladite notification sera faite dans les trois jours de la délibération, outre un jour par trois myriamètres de distance entre le lieu où s'est tenue l'assemblée et le domicile du tuteur.

(C. de pr. civ., art. 882.)

Si le tuteur nommé n'a pas assisté à la délibération qui lui a déféré la tutelle, il pourra faire convoquer le conseil de famille pour délibérer sur ses excuses.

Ses diligences à ce sujet devront avoir lieu dans le délai de trois jours, à partir de la notification qui lui aura été faite de sa nomination ; lequel délai sera augmenté d'un jour par trois myriamètres de distance du lieu de son domicile à celui de l'ouverture de la tutelle : passé ce délai, il sera non recevable.

(Code civil, art. 439.)

Ceux, au contraire, à qui lesdites fonctions, services ou missions, auront été conférés postérieurement à l'acceptation et gestion d'une tutelle, pourront, s'ils ne veulent la conserver, faire convoquer dans le mois, un conseil de famille, pour y être procédé à leur remplacement.

Si, à l'expiration de ces fonctions, services ou missions, le nouveau tuteur réclame sa décharge, ou que l'ancien redemande la tutelle, elle pourra lui être rendue par le conseil de famille.

(Code civil, art. 431.)

Si ses excuses sont rejetées, il pourra se pourvoir devant les tribunaux pour les faire admettre ; mais il sera, pendant le litige, tenu d'administrer provisoirement.

(Code civil, art. 440.)

S'il parvient à se faire exempter de la tutelle, ceux qui auront rejeté l'excuse, pourront être condamnés aux frais de l'instance.

(Code civil, art. 441.)

791. — Nous avons vu aussi que, outre les excuses il était des *incapacités*, des *exclusions*, et des *destitutions* de la tutelle.

Toutes les fois qu'il y aura lieu à une destitution de tuteur, elle sera prononcée par le conseil de famille, convoqué à la diligence du subrogé tuteur, ou d'office par le juge de paix.

Celui-ci ne pourra se dispenser de faire cette convocation, quand elle sera formellement requise par un ou plusieurs parents ou alliés du mineur, au degré de cousin germain ou à des degrés plus proches.

(Code civil, art. 446.)

Toute délibération du conseil de famille qui prononcera l'exclusion ou la destitution du tuteur, sera motivée, et ne pourra être prise qu'après avoir entendu ou appelé le tuteur.

(Code civil, art. 447.)

Si le tuteur adhère à la délibération, il en sera fait mention, et le nouveau tuteur entrera aussitôt en fonctions.

S'il y a réclamation, le subrogé tuteur poursuivra l'homologation de la délibération devant le tribunal de première instance, qui prononcera sauf l'appel.

(Code civil, art. 448.)

Les parents ou alliés qui auront requis la convocation, pourront intervenir dans la cause, qui sera instruite et jugée comme affaire urgente.

(Code civil, art. 449.)

DE LA RÉCUSATION DU JUGE DE PAIX.

792. — Le législateur a accordé au juge de paix non seulement droit de suffrage, mais *voix prépondérante* dans les assemblées des familles. Dans ces cas, comme il fait autre chose que de recevoir les avis de la famille, il est *récusable*.

... 1º Quand ils auront intérêt personnel à la contestation ; 2º..... ; 3º si, dans l'année qui a précédé la récusation, il y a eu procès criminel entre eux et l'une des parties ou son conjoint, ou ses parents et alliés en ligne directe ; 4º s'il y a procès civil existant entre eux et l'une des parties, ou son conjoint ; 5º s'ils ont donné un avis écrit dans l'affaire.

(C. de pr. civ., art. 44.)

La partie qui voudra récuser un juge de paix sera tenue de former la récusation et d'en exposer les motifs par un acte qu'elle fera signifier, par le premier huissier requis, au greffier de la justice de paix, qui visera l'original. L'exploit sera signé, sur l'original et la copie, par la partie ou son fondé de pouvoir spécial. La copie sera déposée au greffe, et communiquée immédiatement au juge par le greffier.

(C. de pr. civ., art. 45.)

Le juge sera tenu de donner au bas de cet acte, dans le délai de deux jours, sa déclaration par écrit, portant, ou son acquiescement à la récusation, ou son refus de s'abstenir, avec ses réponses aux moyens de récusation.

(C. de pr. civ., art. 46.)

Dans les trois jours de la réponse du juge qui refuse de s'abstenir, ou faute par lui de répondre, expédition de l'acte de récusation et de la déclaration du juge, s'il y en a, sera envoyée par le greffier, sur la réquisition de la partie la plus diligente, au procureur de la République près le tribunal de première instance dans le ressort duquel la justice de paix est située : la récusation y sera jugée en dernier ressort dans la huitaine, sur les conclusions du procureur de la République, sans qu'il soit besoin d'appeler les parties.

(C. de pr. civ., art. 47.)

Si le juge de paix est récusable ou récusé, la présidence passe de plein droit à l'un de ses suppléants; et si ses suppléants sont eux-mêmes récusables, c'est au tribunal du siège de cette justice de paix à nommer le juge de paix le plus voisin pour présider le conseil.

DE LA RESPONSABILITÉ DES MEMBRES DU CONSEIL
DE FAMILLE.

793. — Chacun est responsable du dommage

qu'il a causé non-seulement par son fait, mais encore par sa négligence ou par son imprudence.

(Code civil, art. 1383.)

Les membres du conseil de famille ne sont pas responsables des conséquences de leurs avis , à moins qu'ils n'aient agi frauduleusement ou avec une indifférence telle, que la fraude devrait être assimilée au dol, comme faute grossière. Aussi sont-ils responsables d'avoir nommé pour tuteur un individu *notoirement* connu pour être un dissipateur, un homme de mauvaise conduite ou en état de faillite (1).

Dans tous les cas la gravité de la faute, résultant d'une foule de circonstances qu'il est impossible de prévoir, et tirant principalement son caractère de la nature des actes, rentre par cela même, dans l'appréciation discrétionnaire des tribunaux

(1) LOCRÉ, *Législ. civile*, 7, p. 240; — MERLIN, Rép. *Tutelle*, sect. 2, § 5, n° 4; — DURANTON, 3, n° 473; — MARCHAND, n° 66. — LAURENT, 5, n° 181.

QUATRIÈME PARTIE

FORMULES

CÉDULES DE CONVOCATION, PROCURATIONS

PROCÈS-VERBAUX DES DÉLIBÉRATIONS

MODÈLE D'INVENTAIRE ET DE COMPTE DE TUTELLE

ACTES JUDICIAIRES ET EXTRA-JUDICIAIRES

CONTRATS DE TUTELLE OFFICIEUSE

ÉMANCIPATION, ETC., ETC.

QUATRIÈME PARTIE

FORMULES

---

1. — Cédule générale pour convoquer un conseil de famille sur la réquisition d'un parent (1).

Nous..... (*Nom*), juge de paix du canton de....., département de....., sur ce qui nous a été exposé par le sieur Adrien (*prénoms, profession, domicile*), parent des mineurs ci-après nommés, que (*fait ou cause qui nécessite la convocation*) ; ordonnons que le conseil de famille des mineurs Bachelet...., enfants de....., et de....., sera convoqué à comparaître devant nous, le..... de ce mois....., heures du....., en notre prétoire (*ou en notre demeure*), pour délibérer avec nous, sous notre présidence (*exprimer ici la nomination ou la délibération proposée*).

En conséquence, nous désignons pour composer ledit conseil de famille : 1° Adrien, Gabriel ; 2° Battez, Gustave ; 3° Battez, Pierre (*noms, demeures*), comme étant

---

(1) C. civ. art. 405, 406, 409.

les plus proches parents du côté paternel ; 4° Cadart,
Gaston ; 5° Cadart, Gustave ; 6° Adrien, Augustin (*demeures*) les plus proches parents du côté maternel des
mineurs. Enjoignons auxdits parents de comparaître en
personne ou par fondés de pouvoir, en cas d'empêchement, à peine d'amende. Donné en notre prétoire, à.....
le..... (*Signature du juge de paix*).

*Lorsqu'il y a lieu d'appeler d'autres parents que ceux
qui se trouvent sur les lieux, on dira :*

Il est à la connaissance de l'exposant que le sieur
Bailleux, Emile, domicilié à....., porte aux dits mineurs
le plus grand intérêt. Il importe donc, quoiqu'il ne soit
que le cousin germain de leur père, et qu'il existe sur
les lieux mêmes d'autres parents au même degré et en
nombre suffisant pour compléter le conseil de famille
d'y appeler ledit sieur Emile Bailleux.

En conséquence, et adoptant les motifs particuliers
présentés par l'exposant, relativement audit Em. Bailleux, avons autorisé ledit exposant à faire appeler.....

2. — Cédule à fin de nomination d'un tuteur et d'un subrogé tuteur.

Nous.....

Sur ce qui nous a été représenté par le sieur François Bachelet (*profession, domicile*) que le sieur Louis Lardeur, docteur en médecine, décédé en la commune de.... , le....., ainsi que le constate l'acte extrait des registres de l'état civil de ...., en date du....., dont l'expédition nous a été représentée, a laissé Louis, enfant mineur, sans lui avoir donné de tuteur; que Julie Caron, épouse dudit François Bachelet, et mère dudit mineur, est prédécédée; qu'il ne reste audit mineur aucun ascendant dans l'une ou l'autre ligne; qu'ainsi il importe de convoquer les parents et amis dudit enfant mineur pour être nommé un tuteur et un subrogé tuteur; en conséquence, requiert qu'il nous plaise l'autoriser à citer à cet effet à comparaître devant nous, jour, lieu et heure qu'il nous plaira indiquer, les parents dudit mineur, savoir : 1º Ch. Lardeur, oncle paternel, demeurant à..... ; 2º Henri Carton, oncle paternel à cause de Cécile Lardeur son épouse, demeurant à..... ; 3º Arthur Carpentier, cousin paternel, demeurant à ...., et du côté maternel; 4º Léonce Caron, oncle maternel dudit mineur, demeurant à..... ; 5º François Bachelet, cousin maternel, demeurant à....., et à défaut d'un troisième parent maternel domicilié dans l'étendue de deux myriamètres de la commune de..... où demeurait le défunt Louis Lardeur; 6º Charles Bachelet, médecin, son ami, demeurant à.....

En conséquence, l'avons autorisé à faire citer les susnommés à comparaître devant nous, en notre prétoire, le....., heure de....., à l'effet de délibérer entre eux, conjointement avec nous, sur la nomination d'un tuteur au mineur Louis Lardeur, même d'un subrogé tuteur.

Fait à....., le....., l'an.....

(Signature du juge de paix.)

12

3. – Cédule pour convocation d'office.

Nous....., juge de paix du canton de....., départe
ment de.....

Etant informé que le sieur Louis Lardeur *(comme
la précédente)* ;

Citons à comparaître devant nous, en notre prétoire
(ou demeure), le... ., heure de....., à l'effet de délibérer en eux, et conjointement avec nous, sur la nomination d'un tuteur, même d'un subrogé tuteur, les parents
et amis dudit mineur, savoir : 1°....., 2°......

4. — Autre cédule sur la déclaration du maire.

Nous, etc....., vu la déclaration qui nous a été faite par M. le Maire de....., le..... de ce mois....., portant que A... et D.. , vivants époux, et demeurant à....., sont décédés le ....., et laissent ..... enfants mineurs ; vu aussi l'article 406 du Code civil, ordonnons que le conseil de famille desdits mineurs sera convoqué à comparaître devant nous le..... *(comme plus haut.)*

5. — Cédule pour la nomination d'office
d'un subrogé tuteur.

Nous ...., étant instruit que Léon Bailly, artiste peintre, demeurant ci-devant à....., est décédé le....; que de son mariage avec P....., sa veuve survivante, il est issu deux enfants mineurs auxquels ladite P..... a négligé jusqu'à présent de faire nommer un subrogé tuteur, encore qu'elle ait été invitée par nous à convoquer un conseil de famille à cet effet; vu les articles 406, 407, 420 et 421 du Code civil, ordonnons que le conseil de famille desdits mineurs sera cité à comparaître devant nous le..... de ce mois....., heures du..... en notre prétoire, etc.

(Comme plus haut, mais ajouter avant la clôture ce qui suit) :

Ordonnons que ladite P..., épouse survivante, sera appelée à comparaître au conseil de famille les jour et heure ci-dessus, pour assister à la nomination du subrogé tuteur, mais sans pouvoir y délibérer, et pour être entendue ou interpellée sur la gestion qu'elle a faite, ou a pu faire, indûment, de la tutelle de sesdits enfants.

Donné à....., le.....

(Signature du juge de paix.)

6. — **Avis de parents**. *(Procès- verbal.)*

L'an....., le....., heures du....., devant nous, juge
de paix du canton de....., département de....., étant
en..., et assisté du greffier, a comparu le sieur Louis
Obry, oncle paternel *(ou* autre parent) des mineurs ci-
après nommés : lequel nous a dit qu'en vertu de notre
cédule du....., notifiée par ....., huissier, enregistré
le....., il a fait appeler, à ce jour, lieu et heure, les parents par nous désignés par ladite cédule, pour former
le conseil de famille des enfants mineurs de feu Alfred
Obry, et de défunte G. H., leurs père et mère décédés,
qui demeuraient à....., afin de nommer un tuteur et un
subrogé tuteur auxdits mineurs.

En conséquence il a requis qu'il soit à l'instant procédé
auxdites nominations par le conseil de famille, et a
signé *(ou* déclaré ne savoir écrire.)

(Signatures.)

Ont ensuite comparu : 1° Jacques Obry....., 2° Jules
Petit-Prés..... *(noms, prénoms, qualités, demeures des
deux plus proches parents paternels)*; 3° à ces deux
comparants s'est réuni ledit sieur Louis Obry, ci-devant
nommé et requérant, afin de compléter les trois membres de la ligne paternelle ;

4° Edmond Dufay....., 5° Henri Dufay....., 6° Alfred
Evrard..... *(noms, prénoms, qualités, demeures de ces
trois parents de la ligne maternelle, convoqués par la
cédule.)*

Tous lesquels parents nous ont déclaré qu'ils consentent à procéder aux nominations requises :

En conséquence, nous les avons déclaré légalement
constitués en conseil de famille, sous notre présidence.

— Le conseil ainsi constitué, après avoir délibéré avec nous, a nommé à l'unanimité des voix *(sinon, exprimer le vote particulier à chaque membre)* pour tuteur aux enfants de feu Alfred Obry, le sieur Louis Obry, l'un des membres du conseil *(ou un autre parent)* lequel a déclaré accepter cette fonction, et promet de la remplir fidèlement sous les peines de droit.

Et, procédant immédiatement, pour remplir le vœu de la loi, à la nomination du subrogé tuteur, le conseil à l'unanimité *(ou à la majorité de..... voix contre.... voix)* a nommé pour remplir les fonctions de subrogé tuteur aux mêmes mineurs, la personne de Henri Dufay, l'un des membres du conseil, lequel a déclaré accepter cette nomination et a promis de remplir fidèlement ses fonctions.

Dans la présente nomination le sieur Louis Obry, tuteur, s'est abstenu aux termes de la loi.

Lesquels Louis Obry et Henri Dufay, ont à l'instant prêté, l'un et l'autre, le serment de bien remplir les devoirs qu'ils viennent d'accepter, et ont, et les délibérants susnommés, signé avec nous et notre greffier, le présent procès-verbal.

(Signatures.)

Nota. — Si le tuteur ou subrogé tuteur n'est pas présent à l'acte de sa nomination, il prêtera serment un autre jour, et il en sera dressé à la suite un procès-verbal séparé.

Et le....... a comparu devant nous, juge de paix susdit, le sieur..... *(prénom, nom, profession, domicile)* nommé par la délibération ci-dessus tuteur *(ou subrogé de......

Lequel après que lecture lui a été faite par notre greffier, de ladite délibération, a déclaré accepter ladite tutelle, et à l'instant il a prêté en nos mains le serment de remplir fidèlement les devoirs que lui impose ladite tutelle, et a signé le présent avec nous et notre greffier.

(Signatures.)

7. — Nomination d'office sur la réquisition du juge de paix.

L'an....., le....., heures de....., vu par nous, juge de paix du canton de..... arrondissement de..... département de....., la cédule par nous donnée le..... notifiée par...... huissier, enregistré le....., par laquelle nous avons convoqué à ce jour et heure par devant nous, en notre prétoire, un conseil de famille, formé suivant la loi pour nommer un tuteur et un subrogé tuteur à Maurice et à Marie Baillien, enfants mineurs et orphelins de Henri Baillien et de S. C., vivants époux, décédés en la commune de..... le.....

Avons procédé de la manière suivante, étant assisté du greffier de notre justice de paix, à la délibération dudit conseil de famille ; ont comparu devant nous :

1° A ....., 2° B....., 3° C..... *(noms, prénoms, demeures des trois parents paternels convoqués par la cédule (ou amis, s'il y a lieu.)*

4° D....., 5° F....., 6° G..... *(noms, etc.)* Lesquels nous ont dit qu'en déférant à notre convocation d'office, ils consentent à délibérer sur les nominations proposées.

En conséquence *(etc., etc., comme ci-dessus).*

8. — Nomination d'un subrogé tuteur sur la convocation d'office du juge de paix.
(Tutelle légale).

L'an..... etc. Nous, juge de paix du..... etc. assisté du greffier ; vu l'article 421 du Code civil, portant que le tuteur légal devra, avant d'entrer en fonctions, convoquer un conseil de famille, composé comme il est dit dans l'article 407, pour faire nommer un subrogé tuteur aux enfants mineurs de l'époux décédé ; attendu qu'il nous a été déclaré par l'un des parents ci-après dénommés *(ou par le maire de la commune de.....)* que Félix Dentu est décédé le..... à ...., qu'il a laissé une veuve survivante nommée H. S. et deux enfants mineurs, savoir : Alfred, âgé de..... et Henri, âgé de....., et que ladite veuve s'est immiscée dans la tutelle sans avoir fait nommer un subrogé tuteur à sesdits enfants.

Par ces motifs, dans l'intérêt de ces derniers, et en vertu de l'article 421 du Code civil, nous avons, par une cédule du ...., notifiée par..... huissier, convoqué à ces jour et heure, devant nous, en notre prétoire, les plus proches parents paternels et maternels des enfants F. Dentu, au nombre de trois dans chaque ligne, pour procéder à la nomination du subrogé tuteur dont est question ; avons convoqué aussi la veuve dudit Félix Dentu pour assister à sa nomination.

A cet effet, ont présentement comparu devant nous : 1°....., 2°....., etc. *(V. plus haut).*

Lesquels nous ont dit qu'en déférant à notre cédule, ils consentent, etc., etc. — En conséquence, nous les avons constitués en conseil de famille, etc.

Le conseil ainsi constitué, s'est présentée la dame H.. S..., demeurant à .... laquelle a dit qu'étant convoqué par notre cédule ci-devant datée, elle désire assister simplement à la délibération de la famille, attendu qu'elle veut conserver la tutelle de ses enfants que la loi lui défère, et qu'elle n'a fait aucun acte qui puisse lui faire retirer cette tutelle, et a signé.

(Signatures.)

Nous avons donné acte à la dame veuve H... S..., de sa comparution, en lui permettant d'assister au conseil de famille, sans cependant pouvoir y voter suivant la loi.

Délibérant sur l'objet de sa convocation ;

En ce qui concerne la veuve H... S...,' attendu que si elle a été négligente à faire nommer un subrogé tuteur, il ne paraît pas du moins qu'elle ait agi frauduleusement envers ses enfants, le conseil déclare qu'il n'y a pas lieu de lui retirer la tutelle.

Procédant ensuite à la nomination du subrogé tuteur, le conseil à l'unanimité *(ou à la majorité de... voix contre...)* a conféré au sieur Ernest Lecomte, ici présent, ladite fonction de subrogé tuteur aux enfants Alfred et Henri Dentu, lequel nous a déclaré accepter cette fonction, et a promis de la remplir fidèlement.

Fait et clos le présent procès-verbal. Lecture faite, etc.

(Voir plus haut.)   *(Signatures.)*

9. — Nomination d'un subrogé tuteur sur la réquisition de l'époux survivant.

L'an, etc...... devant nous, juge de paix de... etc., assisté du greffier, a comparu en notre prétoire dame A Guetren, veuve de Lucien Halluin, demeurant à ..., laquelle nous a dit que son mari est décédé le .... et qu'il existe de leur mariage deux enfants mineurs, savoir : Lucien et Thérèse. . âgés de... ; que voulant exercer légalement la tutelle de ses enfants, elle a convoqué à ce jour, lieu et heure, devant nous, le conseil de famille des dits mineurs pour leur nommer un subrogé tuteur. En conséquence, elle a requis qu'il nous plaise de recevoir et présider ledit conseil de famille, de rapporter acte de la nomination qu'il fera, et a signé.

(Signature.)

Ont ensuite comparu : 1º. ... 2º..... etc.

Le conseil, ainsi constitué, et après en avoir délibéré conjointement avec nous, à l'unanimité *(ou à la majorité de... voix, contre... voix)*, a déclaré qu'il nomme pour subrogé tuteur aux mineurs Halluin, la personne du sieur.... l'un des délibérants. Lequel a déclaré accepter ces fonctions et a promis de les remplir conformément à la loi.

Fait et clos le présent procès-verbal, dont lecture a été faite aux délibérants qui ont signé avec nous.

(Signatures.)

10. — Nomination d'un protuteur.

L'an.... etc.

A comparu le sieur Charles Querleux, lequel a dit que ledit mineur possède à la Martinique une plantation considérable, et que ne pouvant la gérer, il a conformément à l'autorisation verbale que nous lui en avons donnée, convoqué le conseil de famille pour que l'administration spéciale de ces biens soit donnée à un protuteur.

En même temps ont comparu....

Le conseil après avoir pris connaissance des titres relatifs à la susdite plantation, a, sous notre présidence, et conjointement avec nous, après délibération, nommé pour protuteur le sieur.... notaire en la ville de E.... (Martinique) dans l'arrondissement de laquelle est située ladite plantation, lequel sera indépendant du sieur Charles Querleux, tuteur.

Et le sieur Charles Querleux a été chargé par le conseil de faire faire audit sieur.... protuteur la notification de la présente délibération.

(Signatures.)

11 — Nomination d'un tuteur spécial aux mineurs qui ont des intérêts opposés dans un partage.

L'an....

A comparu le sieur François Rodière, ... lequel a exposé que Georges Sauvage et Emile Sauvage, seuls héritiers avec leurs deux frères majeurs Edouard et Pierre Sauvage de leur oncle maternel Victor Duhautoy ; que de plus, Emile Sauvage a été institué à titre particulier, par testament dudit Victor Duhautoy, en date du ... , et que son legs consistant en la maison de ...., est contesté par le motif que ..... ; qu'il y a donc lieu, en présence des intérêts opposés des deux mineurs de nommer un tuteur spécial à Emile Sauvage, et il a signé.

(Signature.)

Ont en même temps comparu........

Lesquels constitués sous notre présidence et après délibération avec nous, sur la proposition ci-dessus, considérant.... (motifs tirés de l'exposé ci-dessus), ont nommé à l'unanimité pour tuteur spécial le sieur....., l'un des membres délibérants, ici présent et acceptant.

Et de ce que dessus.... etc.

(Signatures.)

12. — Autorisation accordée au tuteur de s'aider dans sa gestion d'un ou de plusieurs administrateurs salariés.

L'an.......

A comparu le sieur Georges Massart, tuteur...., lequel a dit (*Exposer la fortune du mineur, terres en exploitation, situées dans plusieurs départements éloignés les uns des autres, indication des prix de gestion demandés par chaque gérant, détails sur la fortune d'un mineur et sur les produits et rapports de chaque exploitation.*)

Ont également comparu : . .....

Préalablement le sieur Florent Nazard, subrogé tuteur du mineur, a été entendu et a émis un avis favorable.

Sur quoi le conseil de famille considérant.....

Autorise, à l'unanimité le sieur Georges Massart, tuteur, à s'aider dans sa gestion de deux administrateurs particuliers salariés aux appointements de la susdite somme totale de...... et gérant sous sa responsabilité.

Et avons dressé le présent procès-verbal...........

13. — Nomination d'un conseil spécial à la mère survivante et tutrice.

Aujourd'hui, etc.....

Par devant nous.....

A comparu le sieur Ernest Magnier *(profession, demeure)* lequel prévoyant le cas où il décéderait avant la dame....., son épouse, a déclaré être dans l'intention de nommer un conseil pour l'assister dans la tutelle des enfants nés de leur mariage. Il a en conséquence nommé à cette fonction le sieur Alphonse Sailly *(profession, demeure)*, déclarant toutefois que le conseil n'est par lui nommé que pour assister la dame son épouse dans le paiement à elle fait des créances qu'il possèdera lors de son décès, la quittance du prix des marchandises de son commerce, et la conversion qu'elle sera tenue de faire des sommes provenant de ces paiements en acquisition d'immeubles.

Desquelles déclarations et nominations, nous, juge de paix susdit, avons fait dresser le présent acte, qui a été signé par ledit sieur Ernest Magnier, par nous et le greffier, les jour, mois et an mentionnés ci-dessus.

Fait à.....

Ou pour l'assister dans tous les actes de la tutelle autres que ceux de simple perception de fruits et revenus et d'acquit, ou décharge des mêmes objets.

Ou l'assister dans tous les actes qu'elle fera relativement aux frais de la tutelle de ses enfants.

14. — Nomination d'un tuteur par le dernier mourant des père et mère.

Aujourd'hui, etc.....

Par devant nous, etc.....

A comparu Madame M..... veuve du sieur Émile Bateman, demeurant à.... laquelle, prévoyant le cas où elle décéderait avant que ses enfants eussent atteint l'âge de majorité, a déclaré qu'elle voulait leur nommer un tuteur. Elle a en conséquence nommé à ces fonctions le sieur Eugène Theliez *(profession, demeure)*, le priant de vouloir bien, quoique non parent de ses enfants mineurs, accepter la tutelle et donner ainsi une nouvelle preuve de son affection pour leurs père et mère.

De laquelle déclaration, etc.

15. — Délibération du conseil de famille qui nomme un tuteur provisoire à des mineurs dont le père a disparu et la mère est décédée.

L'an, etc.....

Par devant nous, etc.....

....

Sur quoi le conseil de famille, attendu que plus de six mois se sont écoulés depuis la disparition du père des mineurs, dont l'absence n'a cependant pas été déclarée judiciairement ; qu'il est important de pourvoir à la surveillance des personnes et des biens desdits mineurs ; déférons la tutelle à Henri Plesse *(profession, demeure)* aïeul paternel desdits mineurs, lequel, présent, nous a déclaré accepter cette fonction pour l'exercer conformément aux lois.

Si les mineurs n'ont pas d'aieul, il faut dire :

Déclarons à l'unanimité nommer pour tuteur provisoire desdits mineurs le sieur Alexandre Ribot..... lequel, présent, a déclaré accepter cette qualité pour l'exercer conformément aux lois et dans l'intérêt desdits mineurs. Délibérant ensuite sur la nomination d'un subrogé tuteur, etc. *(V. plus haut.)*

16. — Cotuteur. — Délibération du conseil de famille assemblé sur convocation par la mère tutrice qui veut se remarier.

L'an, etc.....

Sur quoi le Conseil de famille attendu que la requérante a rempli les formalités qui lui étaient prescrites comme mère tutrice; que son administration paraît sage; qu'elle a manifesté constamment de la tendresse pour ses enfants; que la personne qu'elle se propose d'épouser inspire de la confiance; déclare à l'unanimité maintenir ladite veuve Trogneux dans la tutelle d'Albert Trogneux, son fils mineur, pendant son futur mariage avec ledit Anatole Mage..... que le conseil lui adjoint comme cotuteur. En cet instant ledit sieur Anatole Mage s'est présenté et a déclaré accepter cette cotutelle des suites de laquelle il s'engage à répondre, après son futur mariage, solidairement avec ladite veuve Trogneux.

17. — Délibération qui refuse de conserver la tutelle à la mère qui veut se remarier.

L'an..... et le..... heures du..... devant nous, juge de paix, etc..... a comparu..... laquelle a dit qu'elle a rempli les formalités voulues par la loi au décès de son mari en faisant nommer un subrogé tuteur à H..... et L..... ses enfants mineurs, et en faisant faire un inventaire régulier du mobilier de la communauté qui existait entre elle et feu son mari ; qu'à présent elle désire contracter un second mariage avec X.... *(profession, domicile)*, mais qu'auparavant elle désire se faire maintenir dans la tutelle de ses enfants, et qu'à cet effet elle a convoqué devant nous, après avoir pris notre agrément, un conseil de famille composé suivant la loi, nous priant de la recevoir et présider, de dresser acte de sa délibération, et a signé.

(Signature.)

Ont ensuite comparu : 1°....., 2°....., etc.

Le conseil ainsi constitué, après en avoir délibéré avec nous, attendu que *(exprimer ici les motifs si le conseil l'exige, sinon on n'y est pas obligé)* à l'unanimité *(ou à la majorité de... voix contre...)* déclare qu'il ne peut conserver à la veuve... la tutelle de ses enfants. En conséquence il arrête qu'elle sera remplacée dans ladite tutelle aussitôt que son mariage sera contracté ; à cet effet le conseil de famille charge le subrogé tuteur de convoquer le conseil de famille sans retard. Fait et clos le présent procès-verbal.

(Signatures.)

18. – Excuses. – Destitution de tutelle. – Excuses proposées par le tuteur absent, lors de sa nomination (rejetées.)

L'an....., et le....., heures du....., devant nous, juge de paix...., étant en notre prétoire, assisté du greffier, a comparu le sieur Achille Taphanel *(profession, demeure)*, lequel nous a dit qu'ayant été nommé par délibération prise devant nous, le....., en conseil de famille, tuteur des mineurs de défunts Casimir Chappe et P....., vivants époux, décédés en la commune de....., il ne peut accepter cette fonction, attendu que.... *(exposer les excuses ou dispenses que le comparant propose)*. Et pour faire admettre ces excuses afin d'être déchargé de la tutelle, il a convoqué *(jour, lieu* et *heure)*, devant nous le conseil de famille desdits mineurs, dont il nous prie de recevoir la délibération sous notre présidence et d'en rapporter acte, et a signé.

(Signature.)

Ont ensuite comparu......., *(parents, amis)*, lesquels ont dit.....

Le conseil ainsi constitué, après en avoir délibéré avec nous, sous notre présidence, attendu que les dispenses proposées ne sont pas légales à l'unanimité *(ou à la majorité de..... voix contre ....)* rejette les excuses dudit sieur Achille Taphanel, et le charge d'entrer sans délai dans l'exercice de ses fonctions de tuteur dans lesquelles il est maintenu, à peine d'y être contraint suivant la loi. Dans la présente délibération R... B... V... T..., ont voté pour le rejet des excuses, et M... et S... ont, ainsi que nous, juge président, voté pour l'admission.

19. – Excuses admises.

L'an........, etc., etc.

....

Le conseil ainsi constitué, etc....., à la majorité de..... voix contre..... reconnaît valables les excuses dudit sieur.....*, les approuve, le décharge de la tutelle et

(Nomination immédiate de son remplaçant)

De tout quoi nous avons dressé le présent procès-verbal pour valoir ce que de droit. Lecture faite aux comparants ils ont signé avec nous et le greffier.

(Signatures.)

13.

20. – Quand le tuteur est présent.

(*Immédiatement après sa nomination, on dit*) : En cet
endroit le sieur Achille Taphanel a déclaré qu'il ne peut
accepter les fonctions de tuteur qui viennent de lui être
déférées, attendu que .... (*Enoncer ici les motifs de la
dispense*). En conséquence, il a requis·le conseil de famille de recevoir ses excuses, et a signé.

(*Signature.*)

Le conseil délibérant sur le refus dudit sieur Achille
Taphanel, considérant que la dispense qu'il allègue est
au nombre de celles qui sont autorisées par la loi, à
l'unanimité décharge ledit sieur Achille Taphanel de la
tutelle qui lui a été ci-dessus conférée. Et procédant à
son remplacement......

21. — Délibération portant destitution du tuteur.

L'an.....

A comparu le sieur Auguste Lormier.... , agissant comme subrogé tuteur de Maurice D..... lequel a dit qu'en vertu de la cédule que nous avons délivrée, il a fait citer les membres composant le conseil de famille dudit mineur, et le sieur X..... son tuteur, pour délibérer sur la destitution dudit tuteur, fondée sur ce que..... (*exposer les motifs*), et il a signé.

(*Signature.*)

Ont en même temps comparu.....

Lesquels étant constitués en conseil de famille, sous notre présidence, nous avons invité le tuteur à s'expliquer sur les faits à lui reprochés ; et aussitôt ledit tuteur a dit..... (*réponse du tuteur*), et après avoir signé il s'est retiré de l'assemblée pour ne pas gêner les suffrages.

Après délibération, chaque membre du conseil a donné son avis séparément.

Henri Luc, Alfred Loreau et Léon Nicolle, ont été d'avis que le tuteur doit être destitué de la tutelle à cause de (*motifs*). D'autre part, Alfred Montenuis, Georges Deberdt et Jules Delattre ont été d'avis qu'il n'y avait pas lieu à la destitution. En conséquence, à la majorité de quatre voix y compris la nôtre, le conseil a déclaré que ledit sieur X... est destitué de la tutelle du mineur Maurice X...

Et aussitôt le conseil a nommé, à la même majorité, composé des mêmes membres, le sieur Gustave Colle, médecin, demeurant à....., lequel n'étant pas présent, a été prié de se rendre à la réunion et a déclaré accepter ladite tutelle.

Après quoi l'assemblée a rappelé ledit sieur X..., et nous lui avons fait part de la résolution prise à son égard, en l'invitant à déclarer s'il adhère à la délibération.

A quoi ledit sieur X... a répondu que, sans reconnaître la réalité des faits qui lui sont imputés, il adhère à la décision prise par le conseil, et il a signé.

(Signature.)

Ou bien ledit sieur X... a répondu qu'il protestait contre les faits allégués, se réservant de se prononcer contre la décision du conseil par toutes les voies de droit, et a signé.

Ainsi fait et clos.....

(Signature.)

22. — Délibération sur le choix d'un tuteur fait par la mère, par testament, après son second mariage, pour les enfants de son premier lit.

L'an....

A comparu le sieur Augustin Damart ... lequel nous a exposé que par testament olographe en date du...... enregistré le.... déposé en vertu d'ordonnance de M. le président du tribunal de..... dûment enregistré, en l'étude de Mᵉ.... notaire à......, dame Julie B..., tutrice légale de François P..., son fils, maintenue dans la tutelle après son second mariage, a institué le comparant tuteur dudit François P..., actuellement âgé de dix-sept ans, que, pour accomplir les intentions de la testatrice, il a fait appeler, conformément à la cédule que nous lui avons délivrée, à comparaître à ces jour, lieu et heure, les parents par nous désignés en ladite cédule, pour délibérer sur la question de savoir si le choix fait par la mère tutrice doit être ou non confirmé, et il a signé.

(Signature.)

A également comparu le sieur Z.... second mari de la défunte, lequel a déclaré n'avoir aucun moyen opposant au choix fait par la mère tutrice, et il a également signé.

(Signature.)

Ont ensuite comparu.... *(parents, amis composant le conseil de famille.)*

Lesquels constitués en conseil de famille, sous notre

présidence ont délibéré avec nous sur le choix dudit tuteur.

Ladite proposition mise aux voix, les trois membres du côté paternel ont été unanimes pour rejeter le choix fait par la mère, et ont déclaré qu'ils n'entendaient nullement confirmer le choix du sieur François Damart.

Les deux membres présents du côté maternel ont, au contraire soutenu que le sieur Auguste Damart offrait toutes les garanties désirables, soit par sa position, soit par son intégrité, soit par l'intérêt et l'affection qu'il porte audit mineur.

Nous, juge de paix, après avoir inutilement cherché à opérer une fusion entre les membres délibérants, nous sommes réuni aux deux parents de la ligne maternelle ; et vu l'article 416 du Code civil, avons, à la majorité formée par la prépondérance de notre voix, confirmé purement et simplement le choix fait par la mère testatrice, en la personne du sieur Auguste Damart, lequel, rappelé au sein du conseil, a déclaré accepter les fonctions qui lui ont été confirmées.

De tout quoi nous avons rédigé le présent procès-verbal.

23. — Curateur au ventre. — Nomination d'un curateur au ventre sur la demande de la veuve enceinte.

Aujourd'hui...., heures du...., devant nous; juge de paix de......., assisté du greffier, étant en notre prétoire, a comparu dame Th. C. ., demeurant à ...., veuve de B..., laquelle nous a dit que son mari est décédé le....., et qu'il l'a laissé enceinte de .... mois, que, pour ce motif, elle a convoqué, après en avoir pris notre agrément, un conseil de famille composé des plus proches parents et amis dans les deux lignes, afin de nommer un curateur à sa grossesse. En conséquence, elle a requis qu'il nous plaise de recevoir et de présider ce conseil de famille, qui doit à l'instant comparaître à l'amiable devant nous, et a signé.

(Signature.)

Ont ensuite comparu : A... B..., etc., lesquels nous ont dit qu'en déférant à l'invitation de ladite veuve B .., ils consentent à délibérer avec nous sur l'objet de leur convocation. Alors nous les avons déclarés en conseil de famille, sous notre présidence.

Etant ainsi constitué, le conseil de famille après en avoir délibéré avec nous, a déclaré à l'unanimité qu'il nomme pour curateur au ventre de ladite veuve B..., le sieur V..., demeurant à...., l'un des délibérants, lequel a déclaré accepter cette fonction et a promis de l'exercer avec exactitude et fidélité.

Vu les dites nomination et acceptation, nous, juge de paix, disons que le sieur V..., deviendra de plein droit et sans aucune formalité subrogé tuteur de l'enfant à naître de ladite veuve B..., à compter du jour de sa naissance, suivant la loi.

Fait et clos le présent procès-verbal, lecture faite etc.

(Signatures.)

Nota. — 1º Quand la nomination d'un curateur au ventre est *requise* par un parent au lieu de la veuve, et si le conseil de famille ne se réunit pas volontairement, le juge de paix délivre une cédule de convocation. On rédige ensuite le procès-verbal de la nomination du curateur sur la réquisition de ce parent.

2º Quand au contraire c'est le juge de paix qui poursuit d'*office* la nomination du curateur à la grossesse, il faut rédiger le procès-verbal en conséquence.

24. — Avis des parents pendant la tutelle. — Délibération qui règle la dépense annuelle du mineur.

L'an.....

A comparu le sieur Ferdinand Farjon..., tuteur, lequel a exposé qu'après levée des scellés et inventaire des biens meubles desdits mineurs, il a fait vendre les effets mobiliers avec les formalités requises ; que le produit de cette vente s'est trouvé être de..... francs ; que les biens immeubles loués et affirmés produisent annuellement un revenu de .... francs ; que de plus le placement des capitaux, y compris le produit de la vente des susdits meubles, donne un intérêt annuel de..... francs ; qu'en somme les revenus des mineurs montent à.... francs, tous frais payés.

(Établir ensuite les détails donnés par le tuteur sur la dépense qu'occasionne actuellement la nourriture, l'entretien et l'éducation de chacun des mineurs, et s'il y a lieu, l'augmentation prochaine prévue.)

Qu'il a convoqué le conseil de famille desdits mineurs pour régler la dépense annuelle de chacun d'eux, et pour fixer la somme à laquelle commencera pour lui l'obligation d'employer l'excédent des revenus sur la dépense.

Ont en même temps comparu ....

Préalablement le sieur Emile Dewismes, subrogé tuteur, a reconnu l'exactitude de l'exposé que le tuteur vient de faire sur la situation de la tutelle et déclare qu'il adhère à ses propositions.

Sur quoi, vu l'inventaire, le procès-verbal de vente, les

baux-fermes, les baux-location et autres pièces produites par le tuteur ;

Considérant que les revenus des pupilles se montent annuellement à une somme de.....

Que les dépenses indispensables et de première nécessité s'élèvent à.....; que des éventualités telles que des maladies, peuvent survenir et les augmenter.

Le conseil, à l'unanimité, règle la dépense collective des mineurs à une somme de..... avec faculté de l'étendre jusqu'à..... lorsqu'il y aura lieu ; et arrête que les..... francs d'excédent seront placés chaque année, et dans les six mois qui suivront les recettes, de la manière la plus avantageuse aux intérêts des pupilles ; faute de quoi le tuteur sera responsable de l'intérêt des sommes dont il aurait négligé de faire le placement.

Et de ce que dessus.....

(Signatures.)

25. — Délibération pour faire vendre les meubles échus au mineur et à en conserver quelques-uns en nature.

L'an.....

A comparu le sieur Emmanuel Descamps....., tuteur des enfants mineurs Jules et Emile Descamps, lequel a dit que, depuis son entrée en fonctions il a fait procéder à la levée des scellés antérieurement apposés, et à l'inventaire des objets mobiliers échus aux dits mineurs de la succession de leur père Louis Descamps, que son intention est de faire vendre aux enchères publiques les objets mobiliers de ladite succession, mais qu'il importe de conserver en nature quelques-uns de ces objets (*énumération, motifs*) que la fortune des mineurs leur permet de conserver en nature tous ces objets qui ont un prix d'affection. Qu'en conséquence le comparant a, sur l'autorisation que nous lui en avons donnée verbalement, convoqué le conseil de famille pour délibérer sur sa proposition, ainsi que le subrogé tuteur pour donner son avis, et a signé.

(Signature.)

Ont en même temps comparu.....

Le conseil après avis conforme donné par le subrogé tuteur, considérant..... autorise le tuteur à conserver en nature et à ne pas comprendre dans la vente aux enchères qu'il fera du mobilier des mineurs : 1° Vu, etc.

Et de ce que dessus.....

26. – Vente d'immeubles.

L'an..... etc.

A comparu le sieur Ernest Dumolin (*profession, demeure*), tuteur des mineurs..... lequel nous a dit : (*exposer les faits qui motivent la vente des biens soit pour cause de nécessité, poursuites de créanciers, etc., soit pour un avantage évident.*

Qu'à cet effet le comparant a, sur l'autorisation que nous lui avons donnée, convoqué..... et a signé.

(*Signature.*)

Ont en même temps comparu : 1° Vu, etc.

Le subrogé tuteur entendu a déclaré.....

Sur quoi vu les pièces soumises au conseil par le tuteur et consistant en.....

Le conseil après en avoir délibéré avec nous,

Autorise le sieur Ernest Dumolin tuteur desdits mineurs, à faire vendre par justice, en observant les formalités prescrites (*énumération des immeubles, situation*) que le conseil désigne spécialement pour être vendu de préférence, sous les conditions et les charges suivantes, (*énoncer ici les charges et les conditions*). Et sera la présente délibération homologuée, avant de recevoir son exécution. De tout quoi, nous juge de paix, avons dressé le présent procès-verbal dont lecture a été faite aux délibérants, qui ont signé avec nous et le greffier.

27. — Emprunt hypothécaire.

L'an.....

A comparu le sieur Edouard Devin, (*profession, demeure*) agissant comme tuteur de..... lequel a exposé.

(Etablir ici les ressources du mineur, son revenu, les capitaux dont il peut disposer, la somme à laquelle a été fixée sa dépense annuelle, dire, d'un autre côté, ce que doit le mineur; à qui, quelle somme, l'échéance des dettes, la nécessité de payer sans prorogation, la proposition faite par un tiers de prêter au mineur une somme de....., sous condition d'une hypothèque conférée sur un tel bien; expliquer l'intérêt qu'il y a à hypothéquer plutôt qu'à aliéner).

Qu'à cet effet le comparant a, sur l'autorisation que nous avons donnée, convoqué, etc..... et a signé.

(Signature.)

Ont en même temps comparu etc.

Le subrogé tuteur entendu a déclaré que l'emprunt projeté lui paraissait avantageux pour le mineur.

Sur quoi, vu les pièces soumises au conseil par le tuteur et consistant en.....

Le conseil, à l'unanimité, autorise le tuteur à emprunter au nom du mineur, par obligation notariée la somme de..... payable dans le délai de..... années, avec intérêts à...... à consentir hypothèque sur les biens du mineur (*situation*) consistant en..... le tout après homologation.

Et de ce que dessus.....

28. – Nomination d'un expert pour conserver les meubles.

L'an..... devant nous.....

A comparu le sieur Alfred Ducoroy, tuteur légal de ses enfants issus de son mariage avec défunte M. D., qui a dit que le plus âgé desdits mineurs n'a pas atteint l'âge de..... que le comparant en sa qualité de père a l'usufruit légal des biens desdits enfants jusqu'à dix-huit ans ; que son intention est de garder en nature les meubles appartenant à ses dits enfants ; qu'à cet effet il se propose de faire faire à ses frais une estimation à juste valeur, et que, pour se conformer à la loi il a invité le sieur Alfred Dherse, subrogé tuteur, ici présent, à nommer un expert priseur pour faire cette estimation.

A également comparu le sieur Alfred Dherse, subrogé tuteur des susdits mineurs, qui reconnaît qu'il est avantageux de conserver en nature leur mobilier, et nomme pour expert le sieur X..... commissaire-priseur, lequel a prévenu celui-ci de se présenter pour prêter le serment requis.

A ces fins a comparu le sieur X..... expert priseur, qui a déclaré accepter la commission à lui déférée, et il a promis et juré de la remplir avec conscience.

Et de ce que dessus a été fait et dressé le présent procès-verbal, qui a été signé par les trois *comparants*, par nous et notre greffier après lecture faite.

(Signatures.)

29. — Acceptation de succession.

L'an.....

A comparu le sieur Jules Populaire *(profession ,
demeure)*,.... lequel a dit que le sieur Auguste Wul-
lart, oncle maternel du mineur, vient de décéder intestat, laissant cinq héritiers, au nombre desquels ledit
mineur *(exposer sommairement si la succession parait
opulente, et surtout si les dettes sont réputées considérables)*. Le comparant a cru, en conséquence, devoir
convoquer le conseil de famille pour l'autoriser à accepter, s'il y a lieu sous bénéfice d'inventaire, la succession dont-il s'agit, et il a signé.

(Signature.)

En même temps ont comparu 1°... 2°.... etc.

Après avoir entendu le sieur Emile Ducoroy subrogé
tuteur dudit mineur, lequel a déclaré qu'il considérait
aussi comme avantageux pour le mineur d'accepter ladite succession

Le conseil, considérant que le défunt laisse un avoir
considérable, tant en meubles qu'en immeubles ; que sa
succession ne paraît nullement grevée, est d'avis d'autoriser le tuteur à accepter ladite succession pour le
compte du mineur, sous bénéfice d'inventaire, conformément à la loi, et de faire tous les actes nécessaires.

De ce que dessus, etc.

30. — Répudiation de succession.

L'an.....

A comparu le sieur Arthur Vantroyen (*profession, demeure*) lequel a dit que le sieur Eugène Dupont, oncle parternel dudit mineur, vient de décéder intestat, ne laissant d'autre héritier naturel que ledit mineur (*exposer que la succession est très embarrassée ; que l'expropriation forcée des biens était poursuivie avant le décès; et qu'il paraît certain, vu le nombre des créanciers poursuivants et l'importance de leurs créances, que les dettes excèdent de beaucoup l'avoir*)....

(Signature.)

Et ont aussi comparu.....

Le subrogé tuteur a confirmé les détails soumis par le tuteur, et a déclaré qu'il partageait ses appréhensions.

Sur quoi, considérant... *(motifs ci-dessus)* qu'en acceptant, même sous le bénéfice d'inventaire, il y a toujours quelques faux frais à exposer, ou tout au moins des diligences à faire, le tout en pure perte ;

Le conseil, à l'unanimité autorise le tuteur à se présenter au greffe du tribunal de..., à l'effet de répudier, pour et au nom du mineur, la succession d'Eugène Dupont, son oncle, et de faire dans ce sens tous actes requis et nécessaires.....

Et de ce que dessus.....

31. — Acceptation de donation.

L'an.....

.A comparu le. sieur. Jacques Vendroux (*profession, demeure*) lequel a dit *(exposer que la dame M....., veuve sans enfants, tante paternelle du mineur, se propose de lui faire donation d'une maison qu'elle possède, située à..... d'une valeur d'environ de..... ; que cette donation doit être pure et simple, et sans aucune charge ; que ladite maison est, en outre, libre de toutes dettes et hypothèques ; que le tuteur a, en conséquence, convoqué le conseil de famille pour l'autoriser à intervenir dans l'acte même, de donation, et à l'accepter pour le compte dudit mineur.)*

Ont en même temps comparu.....

Sur quoi, considérant.....

Le conseil, à l'unanimité, autorise le tuteur à intervenir dans la donation projetée, à accepter pour le compte du mineur ladite donation, à laquelle une expédition de la présente délibération sera annexée ; à faire transcrire ladite donation sur le registre des hypothèques de l'arrondissement et à faire tous les autres actes requis et nécessaires.

Et de ce que dessus.....

32. — Provocation à partage.

L'an.....

A comparu le sieur Eugène Zorninger (*profession, demeure*) lequel a dit que la succession échue aux dits mineurs est grevée de dettes considérables, consistant en....., qu'il y a lieu de vendre pour éteindre ces dettes, un immeuble appartenant au mineur, indivis entre lui et les sieurs .... ses cohéritiers ; que l'état d'indivision où se trouve cet immeuble ne permet pas d'en faire opérer la vente pour le produit en être appliqué à cette libération ; qu'il y a donc lieu de demander préalablement le partage en justice, pour faire vendre ensuite le lot qui écherra au mineur, ou telle partie de ce lot que le conseil désignera.....

En même temps ont comparu.....

A aussi comparu le sieur Eugène Bernard, subrogé tuteur qui a déclaré adhérer à la susdite proposition.

Le conseil considérant... (*motifs de l'exposé ci-dessus*) :

Autorise à l'unanimité, le tuteur à former en justice l'action en partage, et à y procéder dans les formes légales.

Et de ce que dessus.....

33. — Action en Justice (*A. Possessoire*).

L'an.....

A comparu, le sieur Maximilien Vandomme..... lequel a dit que les dits mineurs sont propriétaires du lieu de...... situé à...... que le sieur Jules Hermary,..... voisin de la dite propriété, a fait divers ouvrages tendant à détourner le cours d'un ruisseau qui arrose les prés dits....., dépendant dudit lieu de....., que les mineurs ont le plus grand intérêt à intenter contre ledit sieur Hermary, l'action possessoire, avant que la possession d'an et jour ait été acquise contre eux ; qu'en conséquence, le comparant, en vertu de cédule par nous délivrée, a convoqué les membres composant le conseil de famille, à l'effet de lui donner l'autorisation requise pour intenter ladite action.

(Signature.)

Ont également comparu.....

Le sieur Alexandre Crony, subrogé tuteur, a été d'avis d'autoriser ladite action.

Sur quoi, considérant que les droits du mineur sur le lieu de.... et sur le ruisseau qui arrose les prés de..... sont établis par titres et par une possession immémoriale ;

Le Conseil autorise, à l'unanimité, le sieur Maximilien Vandomme, tuteur, à intenter contre ledit sieur Jules Hermary l'action possessoire, à le faire citer devant le juge de paix compétent, et à faire dans ce but toutes poursuites et diligences nécessaires.

Et de ce que dessus.....

34. — Autres actions en justice.

S'il s'agit donc d'une action au *pétitoire* ou *devant le tribunal de première instance*, il faut ajouter autorisation de constituer tous avoués, de les révoquer, etc., etc.

35. — Acquiescement à demande judiciaire.

L'an.....

Le conseil, considérant que l'action dirigée par Eugène Clay (*profession*, *demeure*), contre le mineur..... est fondée sur un titre; qu'elle est justifiée en fait et en droit; qu'il serait impossible d'y défendre; qu'il y a donc lieu d'y acquiescer.

Autorise, à l'unanimité, le tuteur à délaisser l'immeuble..... et à payer les frais faits jusqu'à ce jour.

36. — Transaction.

L'an.....

A comparu le sieur Louis Deguisne (*profession, demeure*), tuteur des mineurs Jules et Marie Declemy, lequel a dit qu'il existe entre ces mineurs et le sieur Pierre Fasquel..... une contestation pendante au tribunal de .... au sujet de (*expliquer sommairement l'objet du procès*) ; qu'il serait convenable aux intérêts desdits mineurs de transiger sur cette contestation, et que le sieur Fasquel lui-même, y paraît disposé ; que d'après cette disposition il a présenté requête à M. le procureur de la République du..... afin d'obtenir la nomination de trois jurisconsultes pour donner leur avis sur la question de savoir s'il est avantageux aux mineurs de transiger ; que sur cette requête M le procureur de la République a nommé ici maîtres Chabé, Fremaux, De Croos, demeurant à Béthune, que ces trois jurisconsultes, après un examen minutieux des pièces, ont donné leur avis le..... portant que (*exprimer le résultat de la consultation*). Qu'ayant communiqué cette consultation au sieur Fasquel, il y a donné son assentiment, de sorte qu'il ne reste à présent au comparant qu'à obtenir l'autorisation du conseil de famille pour terminer la transaction ; qu'à cet effet, il a convoqué à l'amiable, après en avoir pris notre agrément (*ou : en vertu de notre cédule du.....*) un conseil de famille composé suivant la loi, requérant qu'il nous plaise de les recevoir, de le présider et d'y délibérer, et a signé.

(Signature).

Ont ensuite comparu.....

Le conseil ainsi constitué, vu les pièces de la contestation dont il s'agit, les réquêtes, nomination et consultation ci-dessus énoncées, après en avoir délibéré conjointement avec nous ; attendu que..... (*énoncer les motifs qui déterminent l'autorisation*) ; Attendu que d'après cela il y a un avantage évident pour les mineurs Déclemy à conclure la transaction proposée ; à l'unanimité le conseil de famille autorise ledit sieur Louis Deguisne, tuteur, à transiger par acte notarié avec le sieur Fasquel de la manière et aux conditions exprimées dans la consultation ; à la charge par ledit Louis Deguisne, tuteur, de faire homologuer la présente délibération, ainsi que la transaction qui s'ensuivra.

De tout quoi nous avons rédigé le présent procès-verbal, dont lecture a été faite aux délibérants, qui ont signé avec nous et le greffier.

(Signatures).

37. — Autres avis du conseil de famille, Restriction de l'hypothèque légale du tuteur.

L'an.....

A comparu le sieur Julien Lemoine (*profession, demeure*) lequel a dit..... (*Exposer ici que les immeubles du tuteur sont grevés en totalité d'une hypothèque légale au profit du mineur, en vertu de l'article 2121 du Code civil ; que cette hypothèque générale paralyse entre les mains du tuteur, des valeurs bien supérieures à celles qu'exige la garantie du mineur ; qu'un seul des domaines du tuteur, le domaine de.....sis à..... consistant en..... estimé valeur au moins.... libre et franc de toute autre hypothèque que celle du mineur, est plus que suffisant pour répondre de la gestion du tuteur puisque les biens du mineur n'ont été estimés dans la délibération de famille, en date du...... enregistrée, vouloir qu'une somme de .... qu'il y a donc lieu d'affranchir les autres biens du tuteur de l'effet de cette hypothèque légale*) ; qu'il a, par conséquent, en vertu, sur cédule de l'article 2143 du Code civil, convoqué le conseil de famille..... et le subrogé tuteur dudit mimeur, pour donner leur avis et délibérer sur la restriction de l'hypothèque légale qui grève tous ses biens.

(Signature.)

Ont en même temps comparu.....

Le conseil, après avoir entendu le subrogé tuteur, lequel est d'avis que le domaine que le sieur Julien Lemoine désigne est plus que suffisant pour garantir la gestion tutélaire, et a signé ;

Vu les titres de propriété du susdit domaine consistant : 1º dans un acte de vente (*mentionner principalement les titres indiquant le prix de la propriété*).

Vu le certificat négatif délivré par M. le conservateur des hypothèques de l'arrondissement de..... où ladite propriété est située (*motifs tirés de l'exposé ci-dessus*).

Est d'avis, à l'unanimité, qu'il y a lieu de réduire l'hypothèque légale résultant de la tutelle, au susdit domaine de....., et de déclarer par conséquent, les autres immeubles du tuteur exempts et libres de ladite hypothèque.

Et de ce que dessus.....

(Signatures).

38. — Restriction de l'hypothèque légale de la femme. — (Code civil art. 2144.)

L'an..... le..... devant nous..... a comparu le sieur Eugène Haynaut, demeurant à..... époux de dame Louise Devaux, lequel nous a dit que .... (*exposer les faits relatifs au mariage, à la date, à l'importance de la dot de la femme, aux immeubles du mari, les moyens de restreindre l'hypothèque légale, etc.*); qu'en conséquence il a, aux termes de l'article 2144 du Code civil, convoqué quatre des plus proches parents de la femme, savoir :..... ; qu'il nous priait de présider cette assemblée de parents, et de dresser acte de sa délibération et a signé.

(Signature.)

Ont ensuite comparu : 1°...... 2°....., 3°....., 4°...., lesquels nous ont dit qu'en déférant à l'invitation du sieur Eugène Haynaut, ils consentaient à délibérer sur l'avis qui leur était demandé. Alors nous les avons déclarés constitués en conseil de famille sous notre présidence. Etant ainsi constituée, l'assemblée de parents, après en avoir délibéré avec nous ; attendu que les immeubles appartenant au sieur Eugène Haynaut (*les désigner*) sont d'une valeur plus que suffisante pour garantir la dot, les reprises de sa femme et les autres droits qu'elle pourrait avoir à exercer contre son mari; que tels immeubles (*les désigner*) sont suffisants pour la conservation entière des droits de la femme ; qu'il importe au mari de rendre libres ses autres immeubles est d'avis que l'hypothèque légale de la femme Haynaut, pour raison de sa dot, de ses reprises et conventions matrimoniales, doit être restreinte aux immeubles susdésignés.

De quoi, nous, juge de paix, avons dressé le présent
procès-verbal dont lecture a été faite aux délibérants
qui ont signé avec nous et le greffier.

(*Signatures.*)

39. — Droit de correction.

L'an.....

A comparu le sieur Alfred Lambert (*profession, domicile.*)

Lequel a dit que le susdit mineur (*exposer ici la conduite du mineur, en spécifiant les faits principaux, excès et griefs qui donnent lieu à la mesure provoquée.*)

(Signature.)

Ont en même temps comparu.... .

Le conseil, attendu que les faits exposés par le tuteur sont connus de tous les membres du conseil, et qu'il est urgent, dans l'intérêt du mineur, d'en arrêter le cours par une sévère répression, autorise, à l'unanimité, le sieur Alfred Lambert à requérir de M. le président du tribunal de..... la détention dudit mineur, pendant un temps qui ne pourra excéder.....

Et de ce que dessus.....

40. — Engagement militaire.

L'an.....

A comparu le sieur Léon Jonnart (*profession, domicile*) lequel a dit que ledit mineur, Gery Houzet, demande l'autorisation nécessaire pour s'engager volontairement dans le service de l'armée de terre ; qu'il a en sa qualité de tuteur, et conformément à notre autorisation, convoqué le conseil de famille pour délibérer sur cet objet, et il a signé.

(Signature.)

Ont en même temps comparu.....

Lesquels, constitués sous notre présidence, ont, conjointement avec nous, après délibération, et considérant que le mineur est âgé de dix-huit ans accomplis ; qu'il est d'une forte constitution, et qu'il a toujours montré du goût pour l'état militaire, autorise, à l'unanimité, le tuteur à consentir à l'engagement volontaire dudit Gery Houzet, et à se présenter à cet effet devant tel maire ou autorité que besoin sera, et à faire tous actes requis et nécessaires.

41. — Mariage du mineur.

L'an....

A la requête du sieur Félix Fauvel (*profession, demeure*) au nom et comme tuteur aux personne et biens de Edouard Fauvel, mineur, a été dit et exposé qu'il se présente un établissement avantageux pour ledit mineur en la personne de Mademoiselle S....., âgée de..... fille de..... et de..... que la dot proposée est de....., que le mariage est proposé sous le régime de la communauté ; et que les conditions dudit mariage, détaillées dans un projet signé dudit sieur Félix Fauvel, tuteur, et par lui à l'instant remis en nos mains, lequel demeurera annexé à la minute des présentes, paraissent très favorables ; pourquoi il requiert le conseil de famille d'approuver lesdites conditions, et de donner son consentement au mariage proposé ; ledit tuteur *retiré,* la matière mise en délibération, les sieurs A....., F.... P....., ont été d'avis d'agréer lesdites propositions et de consentir au mariage ; mais les sieurs B....., P.... F....., ont été d'avis contraire, et ont trouvé les conditions du mariage plus onéreuses que profitables audit mineur ; sur quoi, nous, juge de paix, après avoir consciencieusement et mûrement examiné lesdites conditions les qualités, les familles et les fortunes des deux personnes dont il s'agit nous sommes réunis à l'opinion des sieurs A ...., F. .. et P ....; en conséquence il a été arrêté en conseil de famille que les propositions annoncées par ledit sieur Félix Fauvel, tuteur dudit mineur, sont et demeurent approuvées et que le conseil consent au mariage dudit mineur Edouard Fauvel, avec la demoiselle S....., autorise ledit tuteur à passer le contrat de mariage, et y consentir pour le conseil de famille, lui donnant à cet égard tout pouvoir; à l'effet de quoi il lui sera délivré expédition du présent.

Fait en conseil de famille, à notre domicile à. ... les jour, mois et an que dessus, et ont lesdits parents signé avec nous, à l'exception des sieurs B....., D....., F....., lesquels ont déclaré ne le vouloir faire.

(Signatures)

42. — Emancipation. — Emancipation par le père.

L'an....., le....., par devant nous (*noms, prénoms*) juge de paix de....., assisté du sieur (*nom, prénoms*), greffier de notre justice de paix.

A comparu (*nom, prénoms, profession et domicile du père ou de la mère*), lequel a déclaré que le sieur (*nom, prénoms*) son fils, ayant quinze ans accomplis, ce qui résulte d'un extrait des registres de l'état civil de la ville de....., et que reconnaissant en lui une capacité suffisante pour administrer sa personne et ses biens, il entend profiter du droit que la loi lui donne de l'émanciper.

En conséquence, il a déclaré qu'il l'émancipait, et nous a requis de dresser le présent acte et a signé avec nous et le greffier, après lecture faite.

(*Signatures.*)

43. — Curatelle. — Emancipation par le conseil de famille.

L'an.....

A comparu le sieur Pierre Battez (*profession, domicile*), lequel, en sa qualité de tuteur du sieur Gustave Battez, a exposé que les père et mère dudit mineur sont morts ;

Que celui-ci est âgé de dix-huit ans accomplis, ainsi qu'il résulte d'un extrait des registres de l'état civil de la ville de .....

Que par sa conduite antérieure, il offre toute espèce de garantie pour la bonne administration de sa personne et de ses biens ; que par conséquent il mérite qu'on lui confère le bénéfice de l'émancipation ;

Que dans ces circonstances, et par suite de notre indication verbale à ce jour, il a convoqué par devant nous les parents les plus proches en degré dudit mineur dans les deux lignes paternelle et maternelle, en nombre suffisant pour compléter le nombre six, etc.

Le conseil délibérant sous notre présidence et conjointement avec nous, a été unanimement d'avis qu'il y a lieu d'émanciper le sieur Gustave Battez, et nous a autorisé en conséquence à prononcer son émancipation, et à l'instant même nous avons déclaré ledit sieur Gustave Battez émancipé.

En ce qui touche la nomination d'un *curateur :*

Le conseil est d'avis également que cette fonction soit déférée au sieur Emile Carton (*profession, domicile*), l'un de ses membres, lequel, ici présent, l'a acceptée et a promis de la remplir fidèlement.

Et de tout ce que dessus.....

(*Signatures.*)

44. — Révocation de l'émancipation.
1° Par le père ou la mère.

L'an.....

A comparu le sieur Emile Capelle (*profession, demeure*), lequel nous a dit que suivant procès-verbal fait devant nous, le....., enregistré, il a conféré l'émancipation à Charles Capelle, son fils âgé de dix-huit ans; mais que ce dernier abusait des droits que l'émancipation lui a donnés; qu'elle tourne à son désavantage; et que les engagements par lui contractés ont été déclarés réductibles pour cause d'excès, par jugement du tribunal de.... , en date du....., enregistré, dont une expédition nous a été produite,

En conséquence le comparant déclare révoquer, comme de fait il révoque, formellement ladite émancipation, entendant que son fils rentre immédiatement en tutelle.

De laquelle déclaration, nous, juge de paix, avons donné acte, dont lecture a été faite au comparant, qui a signé avec nous et notre greffier.

45. — 2° Par le conseil de famille.

L'an.....

A comparu le sieur Nil Robin, curateur de Pierre Theliez, fils de..... et de....., ses père et mère décédés, mineur, âgé de dix-sept ans, émancipé suivant une délibération du conseil de famille, en date du....., enregistrée; lequel Nil Robin a dit que le mineur Pierre Theliez abuse de l'émancipation qui lui a été donnée; que sa conduite devient de jour en jour plus répréhensible; qu'il dépense ses revenus en frivolités, et que par jugement du tribunal de....., en date du....., enregistré, des engagements par lui contractés envers.. .., ont été déclarés réductibles; que ledit curateur a, en conséquence, convoqué en vertu de l'autorisation que nous lui avions donnée, le sieur Louis Deguisne, ancien tuteur, et les six membres composant le conseil de famille dudit mineur, pour délibérer sur le retrait de ladite émancipation, et a signé.

(Signature.)

Ont en même temps comparu.....

Lesquels constitués en conseil de famille, sous notre présidence, ont délibéré avec nous, et, considérant..... (*motifs tirés de l'exposé ci-dessus*).

Le conseil, a l'unanimité, révoque l'émancipation conférée au mineur Pierre Theliez.

Vu cette résolution, nous, juge de paix, déclarons que l'émancipation accordée au mineur Pierre Theliez est et demeure révoquée, et, qu'en conséquence, il rentrera en tutelle.

Et, sans désemparer, ledit conseil de famille, conjointement avec nous, a, de plus, à l'unanimité, nommé, en tant que de besoin, le sieur Louis Deguisne, tuteur dudit mineur, et le sieur Emile Merlier, subrogé tuteur, lesquels, ici présents, ont déclaré accepter de nouveau lesdites fonctions.

Et de ce que dessus.....

(*Signatures.*)

46. – Inventaire. – A la requête d'une veuve commune en biens, donataire en usufruit et tutrice légale de ses enfants mineurs. – En présence du subrogé tuteur. – Sans scellés.

I. – INTITULÉ.

L'an.... le..... heures du.....

A la requête de Mme Jeanne Guillaud, veuve de M. Cler Huet, propriétaire, demeurant à.....

Agissant en son nom personnel,

1° A cause de la communauté de biens qui a existé entre elle et le feu sieur Huet, son mari, aux termes de leur contrat de mariage passé devant Me..... notaire à......, le..... enregistré;

2° A cause des reprises et créances qu'elle peut exercer contre ladite communauté ou à la succession de son mari;

3° Et comme donataire en usufruit de la moitié des biens composant la succession de son mari, aux termes du contrat de mariage sus énoncé;

Et encore au nom et comme tutrice légale de Louis Huet, âgé de..... et de Charles Huet, âgé de..... ans, ses deux enfants mineurs, issus de son mariage avec le feu sieur Cler Huet;

Madame veuve Huet.....

En présence de M. Léon Mainquet, médecin, demeurant à......

Au nom et comme subrogé tuteur des mineurs Huet, ses neveux, nommé en cette qualité qu'il a acceptée par délibération du conseil de famille de ces mineurs, reçue

15.

et présidée par le juge de paix du canton de.........
suivant son procès-verbal dressé par lui le........
enregistré ; de laquelle délibération une expédition a
été représentée aux notaires soussignés, et par eux à
l'instant rendue ;

Lesdits mineurs Huet, habiles à se dire et porter
seuls héritiers, chacun pour moitié de M. Huet, leur
père ;

A la conservation des droits et intérêts des parties, et
de tous autres qu'il appartiendra, sans que les qualités
ci-dessus exprimées puissent nuire ni préjudicier à qui
que ce soit, il va être par M*..... et son collègue,
notaires à....., soussignés, procédé à l'ouverture fidèle
et description exacte de tous les meubles meublants,
habits, linge, hardes, bijoux, deniers comptants, titres,
papiers, notes et renseignements dépendant de la communauté de biens qui a existé entre M. et Mme Huet,
et de la succession dudit feu sieur Huet ; le tout trouvé
et étant dans les lieux ci-après désignés, faisant partie
d'une maison sise à... . dont M. Bargat, est propriétaire, et où le sieur Huet est décédé.

Sur la représentation qui sera faite du tout par Mme
veuve Huet, après serment par elle prêté ès-mains desdits notaires soussignés, de bien et fidèlement montrer
et déclarer tout ce qui, à sa connaissance, peut dépendre desdites communauté et succession, sans en avoir
rien pris ni détourné, vu ni su qu'il en ait été rien pris,
ni détourné, par qui que ce soit, directement ou indirectement, et ce, sous les peines de droit qui lui ont été
expliquées par les notaires soussignés et qu'elle a
dit bien comprendre.

La prisée des objets qui y sont sujets sera faite par
M*....., commissaire priseur, demeurant à...., appelé
par toutes les parties, lequel à ce présent à promis de
faire cette prisée à juste valeur, et sans crue, d'après
le cours du jour, conformément à la loi.

II. — CORPS D'INVENTAIRE.

§ 1er. — *Prisée du mobilier.*

Dans la cave,
(Feuillette de vin, bouteilles pleines, bouteilles vides etc.,
    estimés... fr.)

Dans la cuisine prenant jour sur....
(Ustensiles divers, estimés................. fr.)

Dans une pièce éclairée du côté par... ser-
    vant de salle à manger.
(Table, chaises, etc., estimés.............. fr.)

Dans une armoire de la même pièce.
(Assiettes, compotiers en porcelaine, etc., estimés
    à... fr.

Dans la chambre à coucher donnant sur...
(Couchette, sa garniture, glace, commode, fau-
    teuil, etc. .... fr.)

Dans la commode ci-devant inventoriée.
(Linge de corps, mouchoirs etc............. fr.)

Dans le salon.
(Mobilier, etc. .... fr.)

Dans une chambre de domestique.
(Couchette, etc. .... fr.)

Suit le linge de ménage.
(Draps, serviettes, etc...................... fr.)

Suivent les bijoux.
(Couverts en argent, poinçon de.... pesant en-
    semble.... prises à raison de.... le gramme la
    somme de..................................... fr.)

Total de la prisée des objets mobiliers in-
ventoriés .... fr.

Suivent les deniers comptant.

(*Billets de banque, or, argent, billon....*

Total des deniers comptant.....

Sur la bibliothèque.

(*Volumes, à estimer par X. libraire expert*) choisi par les parties, et auquel elles ont déclaré parfaitement s'en rapporter pour la dite estimation ;

Lequel a fait serment ès-mains des notaires soussignés de donner son avis en son âme et conscience sur la prisée dont il s'agit.

Et a signé après lecture.

(Signature de l'expert.)

Total de l'estimation des livres.......... fr.

Après lecture, X.... expert a signé et s'est retiré.

(Signature de l'expert.)

§ 2. — Analyses des papiers.

1° Contrat de mariage.

(*Analyse des clauses.*)

Laquelle pièce a été cotée, paraphée et inventoriée comme pièce unique de la cote première, ci.... une

1° *Déclarations relatives aux apports de la femme.*

Déclare M. Huet (*mari veuf.*)

(*Rentes sur l'Etat apport en argent, etc.*

Et a ledit M. Huet signé après lecture à lui faite.

(Signature.)

Contre lesquelles déclarations, en ce qu'elles peuvent nuire ou préjudicier à leurs intérêts, et à ceux des mineurs Huet, le subrogé tuteur et les autres parties font toutes protestations et réserves, toutes défenses au contraire de la part dudit sieur Huet.

Et après lecture, ont signé.

(Signatures des autres parties.)

2° *Titres et papiers relatifs aux propres de la femme.*

Déclarations relatives aux abandonnements faits à la femme.

3° *Titres des biens et créances abandonnées.*

(Après qu'on a inventorié toutes les pièces et reçu toutes les déclarations relatives aux biens apportés par la femme en mariage et à ceux qui lui sont échus, on passe à ce qui concerne les apports du mari.)

4° *Déclarations relatives aux apports du mari.*

Déclare M. Huet, que...

Et à l'appui de cette déclaration, il a représenté aux notaires soussignés......... (*titres*).

5° *Titres des apports du mari...*

(Les recoler, parapher, coter, inventorier.)

6° *Titres concernant l'actif et le passif
de la communauté....*

a) *Immeubles achetés en commun, la location, termes dus, compte des améliorations qui y ont été faites, quittances des contributions, assurances, etc.*
b) *Rentes sur l'Etat ;*
c) *Actions industrielles, de chemin de fer, etc.;*
d) *Créances hypothécaires ; Billets à ordre, reconnaissances ;*

*e) Renseignements actifs et passifs, registres de com-
merce décrits soigneusement, liasses de billets acquittés,
notes, quittances, factures acquittées, etc., frais de dernière maladie, frais funéraires, etc.*

Sur la réquisition qui lui en a été faite par les notaires
soussignés, M. Huet déclare encore qu'il ne lui est rien
dû par ses enfants mineurs, sauf l'effet des déclarations
ci-dessus.

Contre lesquelles déclarations et contre celles faites
dans le cours du présent inventaire, les autres parties
ès noms et qualités font toutes protestations et réserves, toutes défenses au contraire de la part dudit sieur
Huet.

III. — CLÔTURE.

Il a été vaqué à tout ce que dessus depuis ladite
heure de... matin, jusqu'à celle de..... de relevée.

Ce fait, ne s'étant plus rien trouvé à dire, comprendre
ni déclarer au présent inventaire, et après serment de
nouveau prêté par ledit sieur Huet, ès mains des notaires soussignés, que le présent inventaire contient
bien et réellement tout ce qui, à sa connaissance, peut
dépendre desdites communauté et succession, sans qu'il
en ait rien pris ni détourné, vu ni su qu'il ait été rien
pris ni détourné, par qui que ce soit, directement ou indirectement, et ce, sous les peines de droit et qui lui ont
été expliquées par lesdits notaires, et qu'il a dit bien
comprendre, tous les meubles et effets ci-dessus inven-
toriés, et ensemble tous les titres et papiers, desquels,
de nouveau vus et visités, ont été trouvés conformes à
leurs cotes et paraphes, ont continué, du consentement
des autres parties, de demeurer en la garde et possession dudit sieur Huet, qui le reconnaît, et s'en charge
pour en faire la représentation, quand et à qui il appartiendra.

Et le présent inventaire est demeuré définitivement clos à la réquisition des parties.

Après lecture faite, les parties ont signé avec les notaires.

47. — Compte de tutelle.

a) *Compte rendu par un père à son fils.*

PREMIÈRE PARTIE.

Récépissé du projet de compte et des pièces à l'appui.

Le soussigné Emile Ducaurroy.....

Actuellement majeur, étant né à..... le.....

A reconnu par les présentes que M. A. Ducaurroy, son père, demeurant à..... lui a remis le..... pour être examinés pendant les délais voulus par la loi:

1° Le projet de compte de l'administration que ce dernier a eu de la personne et des biens dudit mineur A. Ducaurroy, son fils, comme son tuteur légal depuis le..... jusqu'à sa majorité.

2° Et toutes les pièces justificatives, à l'appui de ce compte.

Lesquelles pièces se composent :

(Pièces concernant la liquidation de la communauté ayant existé entre les époux, liasses de mémoires, quittances, factures constatant les différentes dépenses du mineur acquittées par son père, et comprises audit compte à examiner pendant le temps voulu par la loi pour les approuver ou les contester.)

DEUXIÈME PARTIE.

Etat de compte.

Compte rendu, etc.

Observations.

1° Ouverture de la tutelle,

Décès de la mère,

Opérations qui l'ont suivi (*nomination du subrogé tuteur. — Autorisation par le conseil de famille d'accepter la succession de sa mère*)

2° Vente du mobilier (*procès-verbal du commissaire-priseur, produit net, déduction faite des frais.*)

Licitation d'immeubles (*si elle était nécessaire.*)

3° Liquidation de la communauté.

Fixation des droits du mineur Emile Ducaurroy.

Comment il a été fourni de sa part.

Créances que le père a été chargé de recouvrer, — Part du mineur dans icelles, etc.

4° Emploi et placement de fonds d'après la délibération du conseil de famille.

DIVISION DU COMPTE.

Le compte sera divisé en autant de section qu'il comprend d'années.

Chaque année aura un chapitre de recettes et un chapitre de dépenses.

Les recettes seront établies sur deux colonnes, l'une pour les revenus, l'autre pour les capitaux.

Les dépenses seront également reparties sur deux colonnes, l'une pour les dépenses à la charge des revenus, l'autre pour les dépenses à la charge des capitaux.

On terminera par une récapitulation de l'actif tant réalisé que restant à recouvrer, et l'indication du passif restant à acquitter s'il y a lieu.

Il est bien entendu que le compte ne commencera qu'à l'époque où le fils mineur aura atteint sa DIX-HUITIÈME ANNÉE, *puisque jusque là le père, ayant eu la jouissance légale de tous ses biens sous la condition d'en supporter les charges et de pourvoir aux dépenses de nourriture, d'entretien et d'éducation de son fils, il n'y a aucun compte de revenus à faire pendant ce temps-là.*

Mais dans une première section il faut présenter l'état de la situation de la fortune du mineur à l'époque de l'ouverture du compte.

COMPTE

PREMIÈRE SECTION.

État de situation à l'époque de l'ouverture du compte.

La fortune du mineur Ducaurroy se composait de ses droits dans la succession de sa mère, pour raison desquels il lui a été abandonné une somme de..... fr. en toute propriété en diverses valeurs, indépendamment de ses droits dans différentes créances laissées en commun.

Il revenait encore au mineur, en nue-propriété seulement, pareille somme de..... fr. mais comme l'usufruit de cette somme reposant sur la tête de M. Ducaurroy père, subsiste encore il n'y a pas lieu de s'en occuper dans le présent compte.

M. Ducaurroy se trouvait comptable ou débiteur envers son fils, par l'événement du partage :

(*Sommes abandonnées au mineur encaissées sur quittances, ou restant à recouvrer*).

M. Ducaurroy père a fait dépense, antérieurement à l'ouverture du compte :

1° Frais de la délibération du conseil de famille qui a nommé M. X..... subrogé tuteur ;

2° Droits à mutation à la charge du mineur par suite du décès de sa mère.

Ensemble...... .... fr.

En les déduisant à la charge des capitaux, il en résulte qu'à l'époque de l'ouverture du compte, le rendant était comptable de..... dont il devait l'intérêt à défaut d'emploi ci... fr.

Il faut remarquer que les frais funéraires, ceux de dernière maladie et autres occasionnés par le décès de Madame Ducaurroy, n'ont pas été compris au partage précédemment analysé, et qu'ils ne doivent point figurer au présent compte, attendu que M. Ducaurroy, à cause de la jouissance légale qu'il a eue des biens de son fils, était tenu de supporter la portion à la charge de ce dernier, dans ces divers frais.

DEUXIÈME SECTION.

Première année du..... au.....

Chapitre 1. — Recettes.

Art. 1ᵉʳ. — Capitaux dus par le rendant.

(*Les inscrire à la colonne des capitaux*).

Art. 2. — Intérêts dus par le rendant des sommes dont il était obligé de faire emploi.

Art. 4. — Intérêts annuels dus par un créancier.

Art. 5. — Arrérages de rentes sur l'Etat.

(*Inscrire ces différents articles à la colonne des prévenus*).

Art. 6. — Recouvrements.

(*Colonnes des capitaux*).

Total des recettes de la première année :

    En capitaux...................... fr.

    En revenus....................... fr.

Chapitre II. —Dépenses.

Art. 1ᵉʳ. — Emploi de fonds.

Acquisition de rentes sur l'Etat faite par le ministère de M..... agent de change au cours de..... ci.... ...

(*A inscrire à la colonne des capitaux.*)

Art. 2. — Dépenses d'entretien du mineur.

(*Communiquer le compte détaillé*).

Art. 3. — Dépenses d'éducation.
Art. 4. — Dépenses de nourriture.
Art. 5. — Sommes remises pour menues dépenses.

(*Ces 4 articles en colonne des revenus*).

Total des dépenses de la première année :

A la charge des capitaux.......... fr.
A la charge des revenus.......... fr.
———————
Balance................. fr.

Il restait donc dû à la fin de cette année entre les mains du rendant compte :

En capitaux...................... fr.
Et en excédent de revenus........ fr.

(*L'excédent des revenus doit être porté à la colonne des capitaux dont il fait désormais partie et portera intérêts.*)

TROISIÈME SECTION.

Deuxième année du..... au.....

QUATRIÈME SECTION.

Troisième et dernière année du..... au.....

(*Suivre la même marche que la première année.*)

RÉCAPITULATION.

Actif comparant la fortune de l'ayant compte :

1° Reliquat actif resté entre les mains du tuteur légal ;

2° Créances non échues,

3° Rente sur l'Etat,

4° Nu-propriété dont le père à l'usufruit,

5° Droits dans les créances restées en commun dont le père est chargé de suivre les recouvrements.

Passif restant à acquitter.

1° Frais dudit compte............. fr.

2° Causes diverses................ fr.

ARRÊTÉ DE COMPTE.

Après avoir suffisamment examiné pendant le délai voulu par la loi, 1° Le projet de compte ci-dessus de la gestion et administration que M. Ducaurroy, père, a eues de la personne et des biens du soussigné, comme son tuteur légal, depuis le.... jusqu'au..... époque de la majorité du soussigné et de l'expiration de la tutelle, — 2° toutes les pièces à l'appui de ce compte.

Le soussigné déclare, ayant vérifié tous les calculs et les ayant trouvés exacts, approuver ce compte de tutelle dans son ensemble, comme dans ses diverses parties et dans les résultats qu'il présente.

Par suite, d'accord avec M. Ducaurroy père, fixer et arrêter définitivement le reliquat actif de ce compte à la somme de..... fr. dont M. Ducaurroy père se trouve comptable envers son fils, indépendamment des autres valeurs actives détaillées dans la récapitulation qui termine ledit compte ;

M. Ducaurroy père ayant remis au soussigné : 1º le reliquat actif de son compte en espèces de monnaies ; 2º l'inscription de rente de..... acquise à son nom dans le cours de la tutelle; — 3º les titres de créances lui appartenant ; — 4º un extrait du partage, établissement qu'il a droit en nu-propriété, à une somme de..... dont M. Ducaurroy père a l'usufruit et l'inscription qui a été prise sur..... pour conservation du privilège attaché à cette créance.

De laquelle somme de..... visée plus haut et desquelles pièces le soussigné quitte et décharge son père, ainsi que de toutes choses généralement quelconques, au sujet du compte qu'il lui devait, reconnaissant qu'il n'y a plus aucune espèce de réclamation à former contre lui sous la réserve toutefois de ses droits à l'égard des..... fr. dont son père jouit en usufruit et dont la nu-propriété appartient au soussigné.

Par suite le soussigné se désiste de tout droit d'hypothèque légale qu'il avait sur les biens de son père, et il fait main-levée définitive de toutes inscriptions qui pourraient avoir été prises en son nom, pour raison de ladite tutelle, à tels bureaux, sous tels volumes et numéros que ce puisse être, autorisant tous conservateurs à en faire la radiation partout où besoin sera.

Toutefois le soussigné fait réserve expresse sur l'effet de l'inscription du privilège prise à son profit au bureau des hypothèques de..... le..... contre M. Ducaurroy, son père, pour les..... francs en nu-propriété, dont il est ci-dessus parlé; laquelle inscription devra continuer à avoir tous ses effets.

(Signature.)

48. — Assignation pour demander la réformation d'une délibération du conseil de famille.

L'an....., le...... à la requête de....., agissant en qualité de tuteur du mineur....., pour lequel domicile est élu en l'étude de M°.. .., avoué près le tribunal civil de....., qu'il constitue et qu'il occupera pour lui sur la présente demande, j'ai (*immatricule de l'huissier*), soussigné, signifié et en tête des présentes donné copie, 1° au sieur....., 2°..... (*assigner ainsi tous les membres du conseil de famille qui ont été d'avis de la délibération et dans les qualités à raison desquelles ils ont été appelés*), d'une expédition de la délibération du conseil de famille dudit mineur...., en date du....., enregistrée, à laquelle les susnommés ont pris part ; et à même requête, j'ai donné assignation auxdits sieurs..... à comparaître, d'aujourd'hui à huitaine franche, à l'audience et par devant MM. les président et juges composant le tribunal civil de....., au palais de justice, à..... heure de....., pour, attendu que, lors de la délibération précitée, les susnommés, formant la majorité dudit conseil ont été d'avis qu'il ne fut employé annuellement qu'une somme de..... francs, pour les frais de l'éducation à donner audit mineur....., tandis que le sieur.... le sieur..... et M. le juge de paix étaient d'avis au contraire que cette somme pouvait être portée par le tuteur à..... francs ; attendu que la fortune du mineur s'élevant à..... francs de revenu, permet de lui donner une éducation libérale et complète ; que la somme votée est évidemment insuffisante, et qu'il y a lieu, par conséquent, dans l'intérêt du mineur, de faire modifier la délibération prise à ce sujet, entendre dire par le tribu-

nal que la délibération du..... sera réformée, et que la
somme fixée par ladite délibération pour être employée
à l'éducation du mineur sera portée à..... francs ; s'entendre enfin les contestants condamner aux dépens qui,
à l'égard du requérant, seront toujours considérés
comme frais de tutelle.

Et j'ai, etc.

(Signature de l'huissier.)

49. — Jugement qui réforme la délibération du conseil de famille.

Le tribunal....., ouï M°....., avocat, assisté de M°...
avoué du sieur.....; ouï M°....., avocat, assisté de
M°....., avoué des sieurs.....; ouï M....., procureur
de la République, en ses conclusions; attendu.....
(*motif*); par ces motifs, déclare nulle et non avenue la
délibération du conseil de famille du mineur....., tenue
le....., devant M. le juge de paix de....., sans s'arrêter ni avoir égard à cette délibération, ordonne qu'une
somme de..... francs sera annuellement consacrée aux
frais de l'éducation dudit mineur....., condamne les
sieurs..... aux dépens, que, néanmoins, le sieur.....
tuteur, est autorisé à employer en frais de tutelle......

50. — Requête tendant à obtenir l'homologation d'une délibération du conseil de famille, et Jugement qui l'homologue.

A M. le Président du tribunal de première instance de.....

Le sieur....., demeurant à.....

Agissant au nom et comme tuteur du mineur..... ayant pour avoué Mᵉ....., demande qu'il vous plaise faire homologuer par le tribunal, pour être exécutée suivant sa forme et teneur, la délibération qui précède du conseil de famille dudit mineur....., en date du....., rendue sous la présidence de M. le juge de paix du canton de...., enregistrée; d'ordonner, en conséquence, que ladite délibération sera communiquée à M. le procureur de la République, et qu'un de MM. les juges sera commis pour, sur son rapport, être statué ce qu'il appartiendra.

Présents au palais de justice, à ...., le.....

(Signature de l'avoué.)

Ordonnance du président

Soit communiqué à M. le procureur de la République pour, après ses conclusions, et sur le rapport qui sera fait le....., par M....., juge, que nous commettons à cet effet, être statué ce qu'il appartiendra.

Fait au palais de justice, à....., le.....

(Signature du président.)

Conclusions du ministère public.

Nous....., procureur de la République, près le tribunal civil de....., vu..... (*articles de loi*), pensons qu'il y a lieu d'accorder l'homologation demandée.

Au parquet, à ....

(*Signature du procureur.*)

Jugement d'homologation.

Le tribunal de première instance de....., réuni en chambre du conseil où étaient....., vu la requête qui précède, vu les conclusions écrites de M. le procureur de la République, après avoir entendu M .... l'un des juges dans son rapport, jugeant en..... ressort, attendu..... (*motifs*); par ces motfs, homologue pour être exécutée, selon sa forme et teneur, la délibération du conseil de famille du mineur....., en date du. ..., par laquelle....., etc., condamne le sieur....., tuteur dudit mineur, en sadite qualité, aux dépens qu'il emploiera en frais de tutelle.

Fait et jugé au palais de justice, à....., le....,

(*Signatures du président, du rapporteur et du greffier.*)

51. — Demande en homologation d'une délibération du conseil de famille contre le tuteur.

L'an. . ., le....., à la requête du sieur ...., agissant en qualité de membre du conseil de famille du mineur..... et comme ayant fait partie de celui qui a été tenu le....., sous la présidence de M. le juge de paix du canton de....., pour lequel domicile est élu en l'étude de M°....., avoué, qu'il constitue et qui occupera pour lui sur la présente assignation, j'ai (*immatricule de l'huissier*), soussigné, donné assignation au sieur....., tuteur dudit mineur....., audit domicile où étant et parlant à....., à comparaître le....., à l'audience et devant MM. les président et juges composant le tribunal civil de....., au palais de justice, à..... heure du..... pour, attendu que la délibération précitée du conseil de famille du mineur....., enregistrée, a décidé que (*objet de la délibération*); attendu que cette délibération ne peut pas être exécutée avant d'avoir été homologuée par le tribunal ; attendu que le sieur..... ne s'est point comme il aurait dû le faire, pourvu dans le délai de quinzaine pour obtenir cette homologation ; et qu'il est de l'intérêt du mineur qu'il ne soit pas apporté un plus long retard à l'accomplissement de cette formalité, entendre dire et ordonner que la délibération dont il s'agit sera homologuée purement et simplement pour être exécutée suivant sa forme et teneur; et s'entendre, en outre, condamner aux dépens qu'il ne pourra employer en frais de tutelle.

Et j'ai, audit sieur....., etc., etc.

(*Signature de l'huissier.*)

52. — Opposition à l'homologation d'une délibération de conseil de famille.

L'an... le... à la requête du sieur....; demeurant à...., agissant en qualité de membre du conseil de famille du mineur....., et comme ayant pris part à la délibération du....., j'ai (*immatricule de l'huissier*) soussigné, signifié au sieur...... tuteur du mineur.... en son domicile et parlant à....... que le requérant s'oppose à ce que le sieur...... poursuive sans l'appeler, l'homologation de la délibération du conseil de famille du mineur......., tenue sous la présidence de M. le juge de paix du canton de......., le....... enregistrée, laquelle délibération a (*objet de la délibération*), lui déclarant qu'il se pourvoira contre toute homologation prononcée en son absence.

Et j'ai... etc.

(Signature de l'huissier.)

16.

53. — Assignation à l'opposant pour être présent à l'homologation.

L'an..... le..... à la requête du sieur....., agissant en sa qualité de tuteur du mineur...... pour lequel domicile est élu à....... dans l'étude de M°....., avoué près le tribunal civil, qu'il constitue et qui occupera pour lui sur la présente assignation, j'ai... (*immatricule de l'huissier*), soussigné, donné assignation au sieur... en son domicile, en parlant à...... à comparaître le.... (*jour indiqué dans l'ordonnance du président*), à l'audience et par devant MM. les président et juges, composant le tribunal civil de......, au palais de justice, à....., heure de....., pour, attendu que ledit sieur...... a formé opposition par exploit du ministère de...... en date du....... à ce qu'il fût procédé en son absence, à l'homologation de la délibération du conseil de famille dudit mineur, prise le......., sous la présidence de M......, juge de paix du canton de......, enregistrée, ladite délibération ayant pour objet de..... (*objet*), assister, si bon lui semble, à l'homologation que le requérant poursuit, faire valoir les moyens qu'il entend proposer contre la délibération, voir rejeter son opposition, et, s'entendre condamner aux dépens que son opposition mal fondée aura pu occasionner ;

Et j'ai...... etc.

(Signature de l'huissier.)

54. — Procuration pour assister à un conseil de famille.

Je soussigné (*prénoms, nom, profession, demeure*) donne par les présentes, pouvoir à M..... de me représenter au conseil de famille de....... enfant mineur de M...... et madame L......, son épouse, décédée ; prendre part à toutes délibérations, nommer pour subrogé tuteur celui des parents qu'il plaira au mandataire de désigner, accepter cette qualité pour le constituant, si elle lui est confiée ; conférer audit sieur X...., tuteur légal de son fils mineur, toutes les autorisations qui pourront être requises, ou les refuser, signer tous procès-verbaux, et généralement faire comme membre du conseil de famille du mineur X...... tout ce qu'il jugera convenable dans l'intérêt de ce mineur, promettant d'avoir le tout pour agréable.

Béthune, le......

(*Signature.*)

55. — Procuration de l'ex-pupille pour faire rendre un compte de tutelle.

Je soussigné...... et venant d'atteindre ma majorité, donne par les présentes, pouvoir à M. B...., de faire rendre compte à M. D..... mon tuteur, de la succession de M. X..... mon (*degré de parenté*), dont il a eu la gestion pendant.... ans, régler ledit compte à l'amiable, ou au besoin en justice, faire citer M. D..... devant tous tribunaux compétents, exercer toutes les poursuites et actes d'exécution qui seraient nécessaires, et généralement faire, pour obtenir la reddition dudit compte, tout ce que M. B..... jugera utile à mes intérêts, promettant d'avoir le tout pour agréable.

Béthune le.....

(*Signature.*)

56. — Interdiction. — Avis du conseil de famille sur une demande en interdiction.

L'an....., par devant nous....., juge de paix du canton de...., arrondissement de...., département de...., en notre maison et domicile, a comparu le sieur Jules Ferru, propriétaire, demeurant à.....

Lequel nous a exposé que le sieur Louis Revel, son oncle paternel, demeurant à..... est tombé dans un état de démence qui le rend incapable de gouverner sa personne et ses biens; qu'il a cru qu'il était de son devoir et de la plus urgente nécessité de provoquer son interdiction; et, à cet effet, il a présenté requête à M. le président du tribunal civil de..... , laquelle a été répondue d'un soit-communiqué au ministère public et de nomination d'un des juges pour faire le rapport au tribunal le..... de ce mois.

Sur ce rapport et les conclusions de M. le procureur de la République, il a été ordonné, par jugement rendu le..... et dont l'expédition est représentée, qu'un conseil de famille serait formé pour donner son avis sur l'état dudit sieur Louis Revel.

En exécution dudit jugement, et en vertu de notre cédule du....., il a fait convoquer ledit conseil de famille en la manière ordinaire, et a fait sommer les parents, en nombre et qualités requis par la loi, de comparaître et de se trouver cejourd'hui, heure présente, par devant nous; et à l'instant ledit sieur Jules Ferru, s'est retiré après avoir signé.

Ont aussi comparu lesdits parents (*les nommer.*)

Le conseil ainsi [formé de parents (*alliés ou amis*) ci-dessus nommés et nous juge de paix ; lecture faite, tant de la requête présentée par ledit sieur Ferru, contenant les faits de démence par lui articulés et détaillés, que des pièces y jointes, ensemble du jugement en date du..... ; lesdits parents après avoir examiné et délibéré nous ont déclaré qu'ils connaissaient parfaitement l'état de démence dans lequel se trouve le sieur Jules Revel, qu'ils sont intimement persuadés qu'il est incapable de gouverner sa personne ainsi que de régir et administrer ses biens, et qu'il y a tout lieu de craindre que l'on n'abuse de sa faiblesse pour l'en rendre victime. Par ces motifs, le conseil a été unanimement d'avis qu'il soit procédé incessamment à l'interdiction dudit sieur Jules Revel.

De tout ce qui précède nous avons donné acte auxdits comparants, qui ont signé avec nous et notre greffier le procès-verbal les jour et an ci-dessus.

(Signatures.)

57. — Nomination d'un tuteur et d'un subrogé tuteur à l'interdit.

L'an.....

A comparu le sieur Isidore Moreau, ancien notaire, demeurant à..... agissant en qualité d'*administrateur provisoire* des biens et de la personne de Jules Revel, interdit ; lequel a dit que par jugement rendu par le tribunal civil de..... le..... enregistré, et par arrêt rendu sur appel du même jugement par la cour de..... le...., l'interdiction du sieur Jules Revel a été prononcée ; qu'un tuteur et un subrogé tuteur doivent en conséquence être nommés à l'interdit ; qu'à cet effet, il a, d'après cédule que nous lui avons délivrée, et par exploit de..... enregistré, fait citer.....

(Le reste comme pour la nomination d'un tuteur et d'un subrogé tuteur ordinaires.)

58. — Tutelle officieuse (361 et s.) — Tutelle officieuse convenue avec les parents de l'enfant.

L'an..... le... par devant nous, juge de paix du canton de..... ont comparu le sieur Victor Nicolle (*profession, demeure*) veuf sans enfants, d'une part ;

Et le sieur Louis Duhamel..... demeurant à..... et L. V..... son épouse demeurant avec lui.

Lesquelles parties ont fait les conventions suivantes :

Le sieur Victor Nicolle a requis ledit sieur Louis Duhamel et la dame V..... son épouse, de lui accorder la tutelle de François Duhamel, leur fils âgé de onze ans, ainsi qu'il appert par son acte de naissance, en date du..... délivré par l'officier de l'état civil de la commune de..... aux offres que fait ledit sieur Nicolle de remplir toutes les obligations imposées aux tuteurs officieux par le Code civil.

Et, de leur part, ledit sieur Louis Duhamel et la dame V..... ont déclaré consentir et acquiescer à la demande dudit sieur Nicolle, à la charge par lui de..... (*énoncer les conditions imposées par les père et mère*), auxquelles charges et conditions ledit sieur Nicolle a déclaré souscrire et a promis de les accomplir et exécuter.

En conséquence, lesdits sieur Louis Duhamel et la dame V..... ont accordé audit sieur Nicolle, ce requérant et acceptant, la tutelle officieuse de François Duhamel, leur fils, aux charges, clauses et conditions ci-dessus énoncées et acceptées par ledit sieur Nicolle, ainsi qu'il est dit : au moyen de quoi la personne dudit François Duhamel, mineur, sera remise audit sieur Nicolle, et de tout ce que dessus, nous, juge de paix susdit, avons fait et rédigé le procès-verbal, qui a été signé par les parties contractantes, par nous et par notre greffier, les jour, mois et an que dessus.

(Signatures.)

59. — Tutelle officieuse convenue avec le conseil de famille.

L'an.....

En l'assemblée de parents et amis de Charles Laloyaux, fils mineur des défunts L..... et S..... ses père et mère convoqués à la réquisition de Alphonse Sailly (*profession, demeure*), tuteur dudit mineur..... par devant nous..... juge de paix du canton de..... et où se sont trouvés, etc.

S'est présenté le sieur Clément Aubin, (*profession, demeure*), lequel a requis lesdits parents et amis dudit mineur Charles Laloyaux, de lui accorder la *tutelle officieuse* aux offres qu'il fait, a signé et s'est retiré.

(Signature).

Sur laquelle demande lesdits parents et amis ayant délibéré, sous notre présidence et conjointement avec nous, ont été unanimement d'avis (*énoncer les conditions imposées par le conseil de famille*) ; et ledit sieur Clément Aubin, rentré en l'assemblée, nous lui avons fait connaître le résultat de cette délibération, et a ledit sieur Clément Aubin déclaré accepter toutes les conditions que le conseil de famille est d'avis de lui imposer, et a promis de les accomplir et exécuter ; en conséquence, nous, juge de paix susdit, de l'avis dudit conseil de famille, avons accordé audit sieur Clément Aubin, la tutelle officieuse dudit Charles Laloyaux.

De tout quoi nous avons fait et rédigé le présent procès-verbal, qui a été signé par les membres du Conseil de famille, par ledit sieur Clément Aubin, par nous, et notre greffier, les jour, mois et an que dessus.

(Signature).

TABLE DES MATIÈRES

N. B. — Les chiffres renvoient aux numéros des paragraphes.

DEUXIÈME PARTIE

TROISIÈME PARTIE

DES CONSEILS DE FAMILLE

ATTRIBUTIONS DIVERSES DU CONSEIL DE FAMILLE

QUATRIÈME PARTIE

FORMULES.

CÉDULES

FIN DU SECOND VOLUME

CHAUMONT. — TYPOGRAPHIE CAVANIOL,

PETITE ENCYCLOPÉDIE JURIDIQUE

XVII. — **CODE DES JUGES DE PAIX,** considérés comme officiers de police judiciaire, auxiliaires du procureur de la République et délégués du juge d'instruction, par **A. Scohyers,** ancien avoué, juge de paix. 1881, 1 vol.   2 fr.

XVIII-XIX. — **CODE RURAL,** régime du sol, police rurale. régime des eaux, etc., par **P. de Croos,** avocat à Béthune, 1882, 2 vol.   7 fr.

XX. — **DE LA FORMATION ET DE LA RÉVISION ANNUELLE DES LISTES ÉLECTORALES,** d'après la jurisprudence de la cour de cassation, par **E. Greffier,** conseiller à la cour de cassation. 3ᵉ édition, 1884, 1 vol.   4 fr.

XXI-XXII. — **CODE DES CHEMINS VICINAUX** et des routes départementales, par **A. Gisclard,** avocat à Périgueux, 1882, 2 vol.   7 fr.

XXIII. — **CODE DES CHEMINS DE FER** d'intérêt local, par **A. Gisclard,** avocat à Périgueux, 1882, 1 vol.   3 fr.

XXIV. — **CODE DE LA PRESSE,** commentaire théorique et pratique de la loi du 29 juillet 1881, contenant le texte de la loi, les circulaires ministérielles. la loi sur les outrages aux mœurs et les commentaires de la nouvelle législation comparée à l'ancienne, par **C. Bazille,** avocat à la cour de cassation, et **Ch. Constant,** avocat à la cour de Paris, 1883, 1 vol.   3 fr. 50

XXV-XXVI-XXVII. — **CODE DES TRANSPORTS** de marchandises et de voyageurs par chemins de fer, par **L.-J.-D. Féraud-Giraud,** conseiller à la cour de cassation, 1883, 3 vol.   12 fr.

XXVIII. — **CODE DE L'ENSEIGNEMENT PRIMAIRE** obligatoire et gratuit, commentaire de la loi du 28 mars 1882, avec formules, par **Ambroise Rendu,** ancien délégué cantonal, avocat à la cour de Paris, 1883, 1 vol.   4 fr.

XXIX. — **CODE ÉLECTORAL,** Manuel pratique des élections municipales, départementales et politiques, avec formules, par **Ambroise Rendu,** docteur en droit, avocat à la cour de Paris, 1884, 1 vol.   5 fr.

XXX. — **CODE DES ASSURANCES SUR LA VIE,** Manuel pratique de l'assureur et de l'assuré, par **Ed. Fey,** avocat à Paris, 1885, 1 vol.   3 fr. 50

XXXI-XXXII. — **CODE DU DIVORCE,** commentaire de la loi du 27 juillet 1884, contenant les formules et la jurisprudence française et belge, par **Ch. Constant,** avocat, 1885, 2 vol. 8 fr.

XXXIII. — **FORMULAIRE MUNICIPAL** à l'usage des conseillers municipaux et des maires contenant les formules pour les élections et les modèles de délibérations pour toutes les affaires qui intéressent les communes, par **Ambroise Rendu,** avocat à la cour de Paris, 1885, 1 vol.   5 fr.

St. Chamond. — Imp. & Lib. Giraud.

9 782019 934750